Saliha Scheinhardt

Drei Zypressen

Saliha Scheinhardt

Drei Zypressen

EXpress Edition

CIP-Kurztitelaufnahme der Deutschen Bibliothek:

Scheinhardt, Saliha
Drei Zypressen / Saliha Scheinhardt. – Berlin:
EXpress Edition, 1984.
ISBN 3-88548-316-5

2. Auflage 1986

Verlag und Vertrieb EXpress Edition GmbH
Postfach 11 02 63
Ritterstr. 60b
1000 Berlin 61
Tel.: 030/251 11 36

Druck WB-Druck, 8959 Rieden

Titelentwurf Bettina Longardt

Saliha Scheinhardt wurde 1950 in Konya (Türkei) geboren. Mit 15 und 16 Jahren veröffentlichte sie einige Kurzgeschichten in einer regionalen türkischen Literaturzeitschrift. 1967 brach sie die Schule ab und ging mit ihrem deutschen Verlobten in die Bundesrepublik. Sie arbeitete zunächst in Textilbetrieben, später als Kellnerin und zeitweise bei einer Charterfluggesellschaft als Stewardeß. 1971 erhielt sie durch eine Sonderprüfung das Recht zum Pädagogikstudium. Von 1975 bis 1978 war sie Lehrerin im deutschen Schuldienst, anschließend wissenschaftliche Mitarbeiterin in einem Forschungsprojekt über türkische Arbeiterfamilien in Nordrhein-Westfalen. Sie promoviert im Juli 1985 über das Thema „Islam in der Diaspora".
Ihr erstes Buch, „Frauen, die sterben, ohne daß sie gelebt hätten", erschien 1983, und 1984 folgte die Darstellung von türkischen Frauen- und Mädchenschicksalen im Spannungsfeld zwischen der Bundesrepublik und der Türkei unter dem Titel „Drei Zypressen". Erzählungen über Frauen im Milieu der Elendsquartiere in einer anatolischen Großstadt bilden den Inhalt ihres dritten Buches „Und die Frauen weinten Blut", das 1985 erschien. Im November 1985 erhielt sie den Literaturpreis der Stadt Offenbach/Main und übernahm damit für zwei Jahre das Amt der „Schriftstellerin im Bücherturm". Die Autorin ist bisher mit vielen Lesungen aus ihren Büchern und zahlreichen Vorträgen über die Probleme türkischer Frauen in der Bundesrepublik an die deutsche Öffentlichkeit getreten. Sie war bis 1982 verheiratet und hat einen Sohn.

Foto: Hamdi Ergün

Inhalt

Drei Zypressen

Vor meiner Tür standen drei Zypressen.
Drei Zypressen.
Die Zypressen bewegten sich im Wind,
Drei Zypressen.
Die Wurzeln in der Erde, die Köpfe in den Sternen.
Drei Zypressen.
Die Zypressen bewegten sich im Wind.
Drei Zypressen.
Eines Nachts stürmte der Feind ins Haus.
Drei Zypressen.
Ich wurde in meinem Bett ermordet.
Drei Zypressen.
Die Zypressen wurden abgeschnitten.
Drei Zypressen.
Nicht mehr die Wurzeln in der Erde, die Köpfe in den Sternen.
Drei Zypressen.
Die Zypressen bewegten sich im Wind.
Drei Zypressen.
Zerhackt liegen in einem Marmorofen
drei Zypressen.
Eine blutige Axt beleuchten
drei Zypressen.

1933*

* Nazim Hikmet. Leben! Einzeln und frei wie ein Baum und brüderlich wie ein Wald. Buntbuch-Verlag 1983

Meine Landsleute

Sie!
Die zahlreich sind wie Ameisen auf der Erde,
Fische im Meer, Vögel in der Luft.
Die feige, tapfer, unwissend, entscheidend und kindlich sind,
Zerschlagende und Erschaffende sind sie!
Von ihren Abenteuern werden wir erzählen.
Sie!
Die ihre Fahnen aus der Hand fallen lassen,
bestochen durch die List des Verräters
und den Feind auf dem Feld hinter sich in ihre
Häuser fliehen;
Sie!
Die, wie ein grüner Baum lachen,
und ohne Feierlichkeit weinen
und fluchen wie ein Heide.
Von ihren Abenteuern werden wir Euch erzählen.
Sie!
Das Los des Eisens, der Kohlen und des Zuckers,
das Los des roten Kupfers und der Webereien,
das Los der Liebe und des Terrors
und des Lebens,
und sämtlicher Industriezweige,
und des Himmels und der Wüste,
und des blauen Ozeans,
und auch das Los der traurigen Flußbetten
und des bebauten Ackers,
und der Städte,
wird in einem Morgengrauen verändert sein,
wenn sie in einem Morgengrauen am Rande des Dunkels
ihre schweren Hände auf die Erde drücken,
um sich aufzurichten.
Sie sind es, die, auf die Gelehrtenspiegel
die farbigsten Formen werfen,
sie siegten und wurden besiegt in diesem Jahrhundert
und man sagte von ihnen,
sie haben nichts zu verlieren als ihre Ketten.

Nazim Hikmet

Gülnaz K.

Ich liebe meinen Mann, ich liebe meinen Vater. Ich liebe meinen Mann wie meinen Vater. Ich verachte meinen Mann und kann es nicht laut sagen. Er ist ein Mann. Ich hasse meinen Vater und darf es nicht zeigen. Er ist ein Mann. Ich verabscheue den Meister und kann nicht weglaufen. Er ist ein Mann.

Dennoch liebe ich meinen Mann, der mich mit der Kraft seines Körpers zu seiner Frau machte. Ich liebe meinen Vater; so muß es sein, sagte man mir.

Oder fürchte ich sie alle?

Als mein Vater vor 18 Jahren nach Deutschland kam, war ich noch klein. Ich, meine Schwester und mein Bruder, wir blieben mit unserer Mutter im Haus der Großeltern. Unser Vater war schon mit 14 Jahren mit unserer Mutter, die zehn Jahre älter ist als er, verheiratet worden. Er war der Knecht des Großbauern und sie dessen Tochter. Manchmal, wenn ich an unser Dorf denke, vergleiche ich es mit den Dörfern in den österreichischen Alpen. Unser Dorf liegt am Schwarzen Meer, am Berghang des Pontus; fruchtbar ist die Erde, grün und fruchtbar sind die Felder. Das Schwarze Meer liegt zu Füßen der Bergketten, fröhliche Menschen von kindlicher Naivität arbeiten Tag und Nacht, Sommer wie Winter um das tägliche Brot, um nicht mehr als das tägliche Brot. Lieb und geduldig, anspruchslos und gehorsam verbringen sie ihr Leben unter Sonne und Regen, in Sturm und Schnee.

Ihre Träume und Ängste sind geprägt von der Sorge um den Lebensunterhalt. Der Kampf um einzelne Weizenähren und Maiskolben erfüllt ihr Leben, und ihre mageren, faltenreichen Hände vollbringen das Wunder zusammen mit der fruchtbaren Erde.

Beim Wasserschöpfen, beim Kühemelken, beim Brotbacken und beim Verrichten des täglichen Gebets, von Sonnenaufgang bis Sonnenuntergang sind ihre großen Hände in Bewegung, um aus allem Leben zu schöpfen. Ihre Stirnen sind zerfurcht, als trügen sie die Katastrophen des Lebens für die ganze Menschheit, ihr Blick reicht kaum über den begrenzten Horizont des Dorfes hinaus.
Frauen und Männer arbeiten Schulter an Schulter, sie schuften und freuen sich trotzdem, es nicht schlimmer zu haben. Fromm sind sie, daraus erwächst ihnen die Kraft zum Überleben, ihre Zufriedenheit ist geradezu beängstigend. Ihre Frömmigkeit hilft ihnen und blendet zugleich, denn ihr Glaube erlaubt nicht, nach den Dingen hinter den Dingen zu fragen. So wird die Knechtschaft angenommen; als Erklärung genügt: „Gott hat es so gewollt".
Ich weiß nicht mehr, wie und warum mein Vater nach Deutschland ging. Im nachhinein wird mir immer deutlicher, daß für ihn nicht allein das Geld und die geregelte Arbeitszeit oder auch andere Privilegien vordergründig waren, sondern wahrscheinlich wollte er auch von meiner Mutter weg. Denn in den 18 Jahren, die mein Vater nun in Deutschland lebt, war meine Mutter noch nie in diesem Land, nicht einmal zu Besuch. In unserem Alltag wird sie auch sonst nie erwähnt, sie wird verschwiegen.
Dabei ist sie ein leises Wesen wie die Verkörperung der Geduld, verrichtet die schwersten Arbeiten und stellt keine Forderungen. Wie ein Schatten bewegt sie sich im Haus, im Stall und auf dem Feld. Ich kann mich nicht an eine einzige Auseinandersetzung zwischen Vater und Mutter erinnern, geschweige denn an Streitigkeiten. Eigentlich ist auch mein Vater kein besonders strenger Mensch, jedenfalls gemessen an anderen türkischen Vätern. Und wenn ich die Frage stelle, warum er unsere Mutter nicht nach Deutschland holt, sagt er: „Es gehört so." Es gehört sich, daß meine Mutter seit 18 Jahren ohne ihrem Mann im Dorf lebt, halb lebendig, halb tot, rechtlich verheiratet, körperlich verwitwet. Schon damals, als mein Vater in

die Fremde auswanderte, war offen, was mit uns Kindern und mit unserer Mutter passieren würde. Auch über seine Rückkehr wurde nie gesprochen.
Seine Reise ging in eine ungewisse Zukunft. Niemand fragte etwas, und keiner wäre in der Lage gewesen zu antworten.
Unser Haus liegt im Oberdorf neben der Dorfmoschee. Der Dorfbrunnen und die Schule liegen im Niederdorf. Auch der Dorfplatz um den Brunnen herum mit dem Gästehaus und dem Dorfcafé ist unten im Niederdorf. Zu beiden Seiten unseres Dorfes schließen sich an die Felder Obstgärten. Maisfelder, Tee- und Haselnußplantagen, Tabakfelder umgrenzen unser Dorf. Eigentlich ist es wie ein Paradies auf Erden. Es herrschte dort ganz sicher keine Armut. Doch immer mehr Männer ließen ihre Felder zurück und gingen in die nächstgelegenen Bergwerke als Untertagearbeiter. Auch mein Vater war einer von ihnen, so daß wir uns eigentlich schon damals daran gewöhnt hatten, teilweise ohne ihn auszukommen. Er kam an den Wochenenden nach Hause, und dann saß er die meiste Zeit im Dorfcafé. Nur in der Erntezeit half er hie und da bei schwereren Arbeiten. Er war immer woanders, so erinnere ich mich an ihn.
Dann erinnere ich mich, wie wir unser Haus bauten. Wir Kinder halfen immer bei der Arbeit. Zu jener Zeit waren die Wasserleitungen im Oberdorf noch nicht gelegt. So mußten wir manchen Tag mit Rückenkübeln aus dem Brunnen Wasser holen; wir versorgten auch das Vieh – das sind eigentlich die leichteren Arbeiten, die sogenannten Kinderarbeiten. Im Herbst desselben Jahres zogen wir in das neugebaute Haus ein. Da ein Hausbau für eine Familie, wie wir es waren, sehr große Verschuldungen mit sich bringt, bedeutete es für meinen Vater zusätzliche Arbeit: mehr Geld verdienen, um die Schulden möglichst schnell abzuzahlen. Aber gerade da geschah etwas Unerwartetes, das Schicksal unserer Familie wendete sich.
Es war in den frühen Abendstunden, als ich mit Mutter von unserem Maisfeld ins Dorf zurückkehrte. Ein paar alte Männer wuschen sich vor der Moschee für das Abendgebet, ein paar

Jungen spielten, einige Frauen standen um den Brunnen herum und erzählten. Da raste ein Jeep in Richtung des Dorfcafés und bremste so plötzlich, daß in dem aufgewirbelten Staub die aus dem Jeep aussteigenden Männer von weitem nicht erkennbar waren. Wir näherten uns der Stelle, wo sich inzwischen eine Menschenmenge angesammelt hatte. Mein Vater war auch dabei, obwohl er gewöhnlich in der Woche nie ins Dorf kam. Als wir uns näherten, ahnte Mutter schon Schlimmes. Sie hatte recht: Die Männer aus dem Jeep, zehn etwa an der Zahl, berichteten wild durcheinander, mal mit erregter, mal fast versagender Stimme. In den Zonguldak-Bergwerken, in denen auch mein Vater arbeitete, hatte es ein schweres Explosionsunglück gegeben; noch wußte man weder wer am Leben geblieben war, noch die Zahl der Verletzten und Toten. Die Polizei und der Rote Halbmond waren immer noch mit den Rettungsarbeiten beschäftigt. Mein Vater erzählte von dem Knall, den er gehört hatte – als würden Berge zusammenstürzen, sagte er. Er wußte selbst nicht, wie er rausgekommen war. Die Überlebenden hatte man in ein Fahrzeug gesetzt und in ihre Dörfer zurückgeschickt. Die Männer sahen ganz fremd aus, noch immer standen sie sehr stark unter Schock. Wir reichten ihnen Wasser, damit sie sich wuschen und tranken. Der Imam der Moschee rezitierte mit lauter Stimme einige Verse aus dem Koran als Dank an Gott, daß diese Männer gerettet waren. Die Menschenmenge rückte dichter zusammen, Kinder strömten von überall her, Hühner wurden aufgescheucht oder zertreten, Frauen weinten. Dann versammelte der Bürgermeister mit Hilfe meines Großvaters die Männer im Caféhaus. Wir Kinder und die Frauen mußten in die Häuser zurück.
Kurz danach kam mein Vater nach Hause. Ab diesem Tag herrschte zu Hause eine Stille, die wir lange nicht erlebt hatten. Eine Stille, wie sie der Trauer eigen ist. Mein Vater hockte in den darauffolgenden Tagen im Schneidersitz auf seinem Kissen, seine Blicke waren manche Stunden lang auf einen Punkt fixiert. Am fünften Tag nach dem Unglück entschloß er sich, in die Stadt zu fahren. An der Haustür sagte er zu meiner Mutter:

„Für uns ist in diesem Land kein Kismet mehr", und er ging. Er kam gegen Sonnenuntergang mit einer Handvoll Papiere aus der Stadt zurück. Er hatte beschlossen, nach Deutschland auszuwandern, um dort unser Brot zu verdienen. Beim Arbeitsamt in der Stadt hatte er sich dafür beworben. Von diesem Tag an drehten sich alle unsere Gespräche um die Ausreise unseres Vaters und um Deutschland. Deutschland, was war das? So etwas wie Militärdienst oder Kohlebergwerke, dachten wir. Denn mein Vater war 18 Monate im Militärdienst gewesen. In derselben Zeit wurde ich geboren. So lief ich voller Freude auf die Straße und erzählte anderen Kindern, daß mein Vater nach Deutschland geht. Ich war nicht die Einzige, die das sagte. Einige Zeit später sagten andere Kinder, daß auch ihre Väter nach Deutschland gehen würden. Alle diese Kinder waren vom Oberdorf. Das waren die Kinder der Männer, die vor dem Unglück zwischen Bergarbeit und dem Dorf gependelt waren.
Nur einige Wochen später ... Sie zogen. Junge Männer und Männer in mittlerem Alter, kräftige und weniger kräftige, schmale, dicke schnurrbärtige, blonde und dunkle Männer zogen in eine Richtung. Frauen begleiteten sie im Morgengrauen ein Stück, die Kinder zerrten an den Rockzipfeln ihrer Mütter, ängstlich, unwissend, neugierig. Alte Männer und Frauen brachten ihre Söhne auf den Weg in eine ungewisse Zukunft in der Fremde. Und sie gingen. Auf dem Rückweg zum Dorf trennten sich die alten Männer in Richtung auf das Dorfcafé, und die Frauen setzten sich vor die Häuser.
Ich glaube, damals hatten die Frauen des Oberdorfes, deren Männer ausgewandert waren, noch nicht klar erkannt, was mit dieser Reise ihrer Männer auf sie zukommen würde. Es war eine Reise ohne Wiederkehr. Frauen, die sonst ohnehin ständig zusammen waren, rückten nun noch näher zueinander. Wie ein Gedanke, wie ein Körper standen sie am Dorfbrunnen, arbeiteten sie auf den Feldern und saßen abends vor den Häusern. Das Oberdorf war wie verlassen, es wirkte, als wären die Männer allesamt in den Krieg gezogen. Für Monate verstummten die Frauen fast, und ihre Augen wanderten oft blicklos in die

Ferne. Erst als die ersten Briefe aus Deutschland kamen, wurden sie wieder gesprächiger. Wir Kinder spürten die Abwesenheit unserer Väter erst in der Schule so richtig, denn die Väter aus dem Niederdorf waren ausnahmslos zu Hause geblieben. Ich weiß heute nicht, warum diese Teilung zustande gekommen ist, denn auch die Niederdörfler waren nicht sehr reich. Auch sie waren Kleinbauern, aber die Männer aus dem Niederdorf waren nie weg gewesen. Sie haben weder im Hafen noch im Bergbau gearbeitet.
In der Schule erzählten wir den anderen Kindern voll stolzer Überlegenheit davon und taten so, als würden wir unsere Väter nicht vermissen. Schließlich vergaßen wir das Thema, bis die nächsten Briefe aus Deutschland kamen. Dann war es wieder einige Tage lang Inhalt unserer Gespräche.
Im Grunde erfuhren wir kaum etwas über Deutschland. Meine Schwester ging in die 5. Klasse. In ihrem Geographiebuch gab es viele Seiten über Deutschland, auf denen über die Städte, Flüsse, Berge, über West- und Ostteilung kaum zulängliche Eindrücke vermittelt wurden, aber wir erfuhren nichts über die Menschen und über das Leben dort. Mein Gott, waren wir neugierig! An einem Abend, als meine Mutter Brot backte, saßen wir um den Steinofen herum, mein Großvater erzählte über die Waffenbrüderschaft mit Deutschland und über Hitler und den 2. Weltkrieg. Eigentlich erzählte er sehr fröhlich, und wir Kinder hörten gerne zu. Dann las meine Schwester aus ihrem Buch etwas über Deutschland vor. Unser Deutschlandbild bestand damals nur aus diesen Erzählungen. Doch konnten wir keinen Zusammenhang zwischen der Waffenbruderschaft, den unklaren Bildern aus dem Buch und der Auswanderung unserer Väter finden. Selbst die Vorstellung eines anderen Landes ging über unser Vorstellungsvermögen. Wo fangen die Grenzen des Landes an, fragten wir uns. Ungefähr dort, irgendwo hinter den Bergen ...
Nun lebe ich seit einigen Jahren in diesem Land. Ich kann nicht sagen, daß ich es gut kenne. Insofern sind meine Kindheitsfragen unbeantwortet geblieben. Doch ich gebe meine Neugier

nicht auf. Ich sage mir, es muß auch in diesem Land etwas anderes geben als das, was wir kennen, als das Leben, das wir führen, und eine andere, größere Welt muß es hier in diesem Land geben als unsere eintönige, enge Welt, andere Städte, andere Menschen.

Das Bild auf dem Wandkalender von einem österreichischen Alpendorf hat mich in den letzten Wochen und Tagen durch seine Ähnlichkeit immer wieder an jenes Dorf erinnert, in dem jetzt meine Mutter einsam auf ihrem Gebetsteppich mit jeder Perle ihres Rosenkranzes für unsere baldige Rückkehr betet. Wer kann sich vorstellen, wie schmerzhaft das Leben für diese großartige Frau war, die nie in ihrem Leben, nicht einen Moment an sich zu denken gelernt, die immer für andere gelebt hatte, und die, für die sie ihr Leben gab, ließen sie nun sitzen. Auch das lehrte sie nicht das Klagen, aber als wir Kinder um sie herum waren, ertrug sie die Trennung von meinem Vater leichter. Der Alltag mit seinen Sorgen und die Arbeit, vor allem aber wir Kinder lenkten sie ab. Jahre vergingen wie ein beständig wehender Wind, der Äste mit sich schleppte, sogar ganze Sträucher und Bäume.

Meine Schwester war inzwischen für unsere Verhältnisse ins Heiratsalter gekommen. Deswegen füllte sich unser Haus von Zeit zu Zeit mit Brautschauern, manche kamen von fernen Dörfern, sogar eine Familie, die für ihren in Deutschland lebenden Sohn eine Braut suchte, war unter ihnen. Die Gäste wurden immer herzlich empfangen. Meine Schwester mußte jedesmal bei dieser Zeremonie Kaffee und Gebäck servieren, sie mußte genau darauf achten, daß sie vor den Gästen ja nichts falsch machte. Sie mußte zu dem Anlaß auch ein Kopftuch tragen, was sie sonst nur gelegentlich und unfreiwillig tat. Alle diese Besucher bekamen von meiner Mutter die Antwort: „Mein Mann ist in Deutschland, er kommt im Sommer wieder, er allein kann das entscheiden“. Die Gäste gingen. Und dann füllte sich unser Haus wieder, wenn mein Vater im Sommer kam. Es kamen Besucher, die ihre Glückwünsche brachten, Verwandte, Bekannte und Brautschauer, die nun meinen Vater

um die Hand meiner Schwester bitten wollten. Mein Vater, der zu entscheiden hatte, ob meine Schwester heiraten sollte oder nicht, sagte: „Nein, sie ist noch zu jung“. Mutter mischte sich sonst nie ein, doch zu der Familie mit dem Sohn in Deutschland hat sie zaghaft aber deutlich ihr Nichteinverständnis gezeigt. Aus völlig verständlichem Grund: noch eine Person aus der Familie nach Deutschland, noch mehr Sehnsuchtstränen, das wollte sie nicht, wenn sie es verhindern konnte. Zwei Sommer hintereinander hielt dieser Zustand an. Meine Schwester wurde nicht vergeben. Jahre später erfuhr ich so nebenbei, daß mein Vater meine Schwester damals nach Deutschland bringen wollte, damit sie ihn versorgt und gleichzeitig arbeiten geht.
Die Urlaubszeit ging vorüber. Mein Vater hatte wieder mit seinem Wagen unser Dorf in Richtung Deutschland verlassen. Vielleicht war gerade eine Woche vergangen, als wir eines Morgens das Bett meiner Schwester unberührt, leer fanden. Niemand wußte genau, was mit ihr passiert war, doch wir alle ahnten, daß sie mit ihrem Geliebten schon über alle Berge war. Im Hause brach ein Geheule und Geschrei der Frauen los. Mein Bruder und ich wurden auf diese Weise geweckt, Großvater nahm sein Jagdgewehr von der Wand und eilte ins Dorfcafé. Die Gendarmerie wurde benachrichtigt, aber das war zwecklos, denn meine Schwester war gerade 18 Jahre und dadurch mündig geworden, niemand konnte sie rechtlich an ihrer Entscheidung hindern. Wenn sie hätte gefaßt werden können, hätten die Männer sie vielleicht mit Gewalt nach Hause gezwungen, doch auch dafür war es zu spät. Was geschehen war, war geschehen, sie hatte die Ehre der Familie geschändet. Das würde nie mehr zu bereinigen sein. So sollte sie für die Familie als tot gelten. Großvater kam nach dem Abendgebet nach Hause, seine Lippen zitterten, seine Schultern waren gebeugt. Es herrschte im Haus wieder eine tödliche Stille. Als mein Vater per Brief benachrichtigt wurde, war seine Reaktion wie die meines Großvaters. Meine Schwester war und blieb für uns alle tot. Daraufhin wurden alle ihre Gegenstände von meiner Mutter unter heimlichen Tränen in ihrer Aussteuertruhe begraben,

und ein Schloß hing an der Truhe, das für uns zum Symbol des Verbrechens und des Todes wurde. Dieses Schloß war von nun an eine ständige Drohung für mich, denn ich wuchs heran. Meine Brüste entwickelten sich, meine Gesichtszüge wurden ausgeprägter, mein Gang war plötzlich fraulicher geworden. Ich nahm an Stelle der Schwester in der Familie, bei der Arbeit, die Rolle der ältesten Tochter an. Das war aus mehreren Gründen einige Belastung für mich: Ich wurde mit ihr verglichen und fühlte mich wie ein angstverbreitender Dorn im Auge. Drohende Blicke und Bemerkungen verfolgten mich ständig. Dabei hatte ich das Verschwinden meiner Schwester insgeheim für gut befunden, würde aber auf Grund der Katastrophe, die danach im Hause herrschte, selbst nie so etwas tun. Ich wußte und war entschlossen, der Familie zu beweisen, daß sie meinetwegen keine Angst zu haben brauchten, ich würde mich völlig ihren Entscheidungen beugen. Sie davon zu überzeugen bedeutete für mich, mich konsequent noch übertriebener in die Sklaverei zu begeben. Ich fürchtete Sanktionen seitens der Familie, ich beugte mich und war doch auch später nie nachtragend meiner Schwester gegenüber. Im Gegenteil schätzte ich ihre Entscheidung immer höher, vor allem nach dem, was mir später geschah.

Nach der Flucht meiner Schwester dachte ich manche Nacht im Bett nach, bangte um sie, machte mir Sorgen, die ich allerdings nie laut aussprechen durfte. Wo sie wohl steckte, wie es ihr ging, ob sie litt. Natürlich muß sie gelitten haben, war es ihr kalt, hatte sie nicht genug zu essen, hatte sie sehr geweint; ein junges Ding, ohne jegliche Lebenserfahrung, sich von der Familie freiwillig verbannen zu lassen, war sicher mit ganz tiefem Schmerz verbunden. Dann dachte ich wieder, daß sie doch bei ihrem Mann ist, den sie liebt, sonst wäre sie nicht geflohen. Sie muß ihn schrecklich geliebt haben. Dieser Gedanke, so abstrakt er für mich war – denn mir war die Liebe nur aus Liedern und Gedichten bekannt, die aber meistens die traurige Liebe darstellten – wirkte tröstend, so daß ich einschlafen konnte.

Wie wir später erfuhren, wurde meine Schwester von der Fami-

lie ihres Geliebten zum Glück schon am Tag der Flucht herzlich aufgenommen. Kurz danach heirateten sie im Stillen, einige Wochen später erreichte uns die Botschaft, daß das junge Paar unsere Familie besuchen und um Vergebung bitten wollte. Mein Großvater schickte die Nachricht, sie sollten nicht wagen, das Dorf zu betreten. Meiner Mutter zerriß dies das Herz, sie ging wochenlang wie in Trance umher und weinte sich in stillen Ecken aus. Doch auch ihr war das Wiedersehen mit der Tochter strengstens verboten. Im Hause galten nun die Befehle des Großvaters, die von uns allen anstandslos befolgt wurden. Etwa ein Jahr später konnten meine Mutter und ich meine Schwester heimlich bei einer Nachbarin treffen; dieses Wiedersehen war wie eine kurdische Trauerfeier, selbst die vier Wochen alte Tochter meiner Schwester wurde unter Tränen bewundert, gestreichelt und beweint. Heute ist die Kleine, die den Namen meiner Mutter trägt, neun Jahre alt. Außer meiner Mutter und mir kennt sie noch keinen von der Verwandtschaft, selbst für unseren Bruder war diese Tat meiner Schwester ein Schandfleck ohne Beispiel. Dabei ist es keine Seltenheit in unserer Gegend, daß Mädchen mit ihrem Geliebten fliehen oder auch entführt werden. Nur unsere Familie hat es nicht verkraftet.
Zum Glück mußte meine Schwester nie wegen einer gescheiterten Ehe das Elternhaus aufsuchen, zum Glück ist es gut mit ihr ausgegangen, obwohl sie sich in den Jahren nach ihrer Entscheidung damit abfinden mußte, als von der eigenen Familie Ausgestoßene zu leben. Ihr Mann war dabei für sie eine unersetzbare Stütze. Heute noch frage ich mich, wie sie diesen Jungen treffen und so gut kennenlernen konnte, daß sie wagte, mit ihm zu fliehen. Er war für uns alle unbekannt. Weder er noch seine Familie hat uns wegen einer Brautschau aufgesucht. Meine Schwester hatte nie die Besucher abgelehnt – außerdem wäre sie sowieso nie gefragt worden, aber man hätte merken müssen, daß da etwas mit ihr nicht stimmt. Wie lange sie wohl die Beziehung zu ihm vor uns verheimlicht hat? Heute noch ist es für mich schleierhaft, wie das alles so kommen konnte.
Schleierhaft, unbeantwortet sind noch viele andere Sachen für

mich geblieben. Ich durchschaue vieles nicht, frage mich oft und finde keinen Ausweg. Dann fällt mir der Satz ein, der mir durch meine Großmutter in den Kopf eingehämmert wurde: „Was vorbestimmt ist, dem entrinnt man nicht", oder ich erinnere mich an ihre Worte von der Schrift, die durch Gottes Hand auf unsere Stirn geschrieben steht ... Kann ich daran noch glauben? Gott und ich, Gott und Deutschland, Gott und Fließband – ich fürchte mich, eine Sünde zu begehen, indem ich darüber nachdenke. Doch ich kann mich nicht retten. Es ist mir alles so unglaubwürdig. Ich fürchte mich selbst vor meiner Entwicklung in den letzten Jahren, denn als Kind ist uns solch eine Gottesfurcht eingeflößt worden; es hieß, wenn wir den leisesten Zweifel an Gott und seiner Allmächtigkeit hegten, würden wir an Ort und Stelle bestraft. Die langgestreckte Zunge, der schiefe Mund, die plötzliche Erblindung, die totale Lähmung, die Hölle und noch viele andere schreckliche Strafen waren die Drohungen für den Fall einer Gotteslästerung oder geringsten Zweifel. Wenn ich als junges Mädchen vor Gottesfurcht nicht unerschütterlich fromm gewesen wäre, hätte ich vielleicht mein Schicksal als Strafe Gottes genommen, aber das war es auf keinen Fall! Worin lag dann der Grund?
Eines glaube ich zu wissen: Wären vor allem die Männer unserer Familie weniger von ihrer Starrheit besessen, hätte mich ein besseres Schicksal getroffen. So möchte ich sagen, daß mein weiteres Leben gezeichnet war von den Folgen der Konsequenz meiner Schwester und der Engstirnigkeit meiner Familie. Ich mußte lernen, mit diesen für mich schweren Umständen zu leben.
1972 wurde ich 17 Jahre alt. Das gleiche Theater mit den Brautschauern und Heiratswerbungen ging auch schon bei mir lange vor meinem 17. Lebensjahr los, wie bei meiner Schwester. Die Familie zeigte die gleichen Reaktionen. „Nein wir haben keine Tochter zu verheiraten, unsere Tochter ist noch zu jung" usw. Als hätten sie wirklich auf das Alter Rücksicht genommen. Mein Vater schrieb aus Deutschland Drohbriefe, falls ich auch so etwas tun würde wie meine Schwester. Es wurde nie wörtlich

ausgesprochen, was sie gemacht hatte, sondern es wurden immer verdeckt Sanktionen angedeutet. Die Familie war zudem mit den Heiratsbewerbern um mich nicht einverstanden. Mir war nicht klar, was mein Vater für mich plante. Einige Gleichaltrige waren schon verlobt oder versprochen, andere bereiteten eifrig ihre Aussteuer für eine demnächst geplante Hochzeit vor. Über mich lachten und spotteten die Dorfmädchen, mein Vater würde mich wie eine saure Gurke einlegen.
Im Sommer des gleichen Jahres kam mein Vater wieder. Es war ein sehr schöner Sommer. Ein reicher Sommer mit Früchten, ein warmer Sommer mit weniger Regen als sonst, ein fröhlicher Sommer im ganzen. Eine Woche vor seiner Abreise nach Deutschland sagte er mir eines morgens, ich sollte mich fertig machen. Das bedeutete ein besseres Kleid anziehen, das Kopftuch umbinden. Mein Vater redete nie lange, er drückte sich immer sehr kurz aus und fast in Befehlsform. Wir fuhren also in die Stadt, dort hielt er vor einem Fotogeschäft, um von mir ein paar Bilder machen zu lassen. Ich mußte posieren, wobei der Fotograf nicht wagte, meinen Kopf zu berühren, um eine günstigere Haltung zu erreichen. Dann eilten wir durch irgendwelche offiziellen Behörden, wo ich zum ersten Mal so viele Polizisten auf einmal sah. Aber auch sehr viele Frauen und Männer, an deren Aussehen ich sofort erkennen konnte, daß sie in Deutschland lebten. Ich stand überall hinter meinem Vater, überall fiel mein Name zwar, ich aber wußte nicht, was mit mir geschah, bis ein älterer Beamter sich über mich einen Spaß erlaubte. Er sagte: „Eigentlich schade um so ein hübsches Mädchen, aber du wirst ja dort deinen Vater bei dir haben. Er wird dich schon wie seinen Augapfel schützen. Gib dich ja nicht mit einem ungläubigen Deutschen ab.“ Ich begriff, Vater schwieg und schmunzelte widerwillig, riß dem Beamten die Dokumente aus der Hand, und wir gingen hinaus. Erst im Auto auf dem Wege zum Dorf sagte er mir in kurzen Sätzen, daß er mich nun mit nach Deutschland nehmen möchte. Ich war nicht in der Lage, einen Ton von mir zu geben. Das wünschte er auch nicht. Als wir zu Hause ankamen, wurden wir von allen gefragt, ob

wir fertig wären mit den Formalitäten. Selbst mein jüngerer Bruder wußte, daß ich nach Deutschland gehen sollte. Nur ich hatte es vorher nicht wissen dürfen. Auch das habe ich mich später öfter gefragt, warum ich es nicht vorher erfuhr, als es in der Familie heimlich beraten wurde. Ich denke mir, mein Vater wollte einer möglichen Flucht vorbeugen. Alle fürchteten dasselbe, nämlich das, was meine Schwester „hinterlistig" getan hatte. In Deutschland würde ich nicht mehr fliehen können, denn als noch Minderjährige war ich mit in den Paß meines Vaters eingetragen.

Jedes Jahr derselbe Ablauf: Kaum war mein Vater aus Deutschland gekommen, begannen schon die Abreisevorbereitungen, die wochenlang dauerten. Er nahm den halben Wintervorrat mit nach Deutschland. Dieses Mal doppelt, da ich mitgerechnet wurde. An einem hellen frühen Morgen fuhren wir, trotz der Tränen der Mutter. Ich war in den letzten Jahren ihre rechte Hand geworden, außerdem ihre Komplizin, wenn wir meine Schwester trafen, überhaupt ihre engste Vertraute in allen Angelegenheiten. Meine Mutter brach fast zusammen, bis zur letzten Minute hatte sie im stillen gehofft, daß irgend etwas schiefgehen würde, damit ich bei ihr bliebe. Sie hing an der Beifahrertür des Autos, völlig in Tränen aufgelöst, bis mein Vater sie recht barsch daran erinnerte, daß er dort versorgt werden müsse, sie solle doch froh sein, daß er sich keine deutsche Frau genommen hätte. Er überschüttete sie mit einem Hagel von Vorwürfen, was es doch hieß, in der Fremde allein zu leben und zu arbeiten, um die Familie zu versorgen. Andere würden ihr Geld mit deutschen Frauen, beim Trinken und bei Glücksspielen ausgeben, er dagegen sei treu wie Gold ...

Das alles und noch viel mehr eisige Worte sprudelten aus seinem Mund. Mutter hörte plötzlich auf zu weinen, ging ein paar Schritte vom Auto zurück und machte die Beifahrertür zu. Vater trat aufs Gaspedal und raste in Staubwolken weg vom Dorf – ich habe mich nicht mehr umgedreht. Unterwegs rauchte er kettenartig. Ich weiß kaum mehr, was ich alles gesehen und erlebt habe in den vier Tagen und drei Nächten bis nach Deutschland.

Ich kann mich nur an einen endlos langen Weg erinnern, auf dem zahllose Autos an uns vorbeisausten, und daß ich Vater hin und wieder, wenn er Hunger hatte, von Mutter gebackene fleischgefüllte Studel reichte, ja, und je nördlicher wir fuhren, desto stärker wurden endlose Regenstürme. Dann fuhren wir durch die österreichischen Alpen, wo die Dörfer und die Almen sehr unserem Dorf und unserer Gegend ähnelten. An der deutschen Grenze wurde mein Vater plötzlich gesprächiger. Sein erster Satz mit freundlicher Stimme war: „Burası Almanja", hier ist Deutschland. Das hätte ich mir auch denken können.
Ich war ein fröhliches Kind, gesprächig, witzig, frech und voller Leben, ich sang ständig irgendwelche traurigen Liebeslieder, die ich bei irgendwelchen Hochzeiten aufschnappte, wie sie ausschließlich von Frauen gesungen wurden. Ich hatte sogar meine ersten Liebesgedichte noch auf der Schulbank geschrieben, die ich niemandem gezeigt hatte.
Heute glaube ich, daß die Reise nach Deutschland mir meinen Mund verschlossen hat. Sicher wurde ich, als ich heranwuchs, öfter daran erinnert, wenig zu reden, in Gegenwart Erwachsener nicht zu sprechen, denn das bedeutet Achtung ihnen gegenüber. So ließen die Blicke meines Vaters meine Spontaneität immer seltener zu. Ich mußte das Schweigen lernen, denn schweigsame Mädchen gelten als guterzogen, für eine Ehe am geeignetsten. So wurde mir das Schweigen langsam beigebracht. Es war ja nur gut für mich, durch diesen Prozeß hindurchzugehen, da ich später, wenn ich heiratete, auch schweigen mußte. Wenn ich es nicht könnte, würde es mir spätestens in der Ehe mit richtigen Mitteln beigebracht werden. Doch das erste Schweigen lernte ich auf dem Weg nach Deutschland, auf der langen Reise. Mit meinem Vater gab es plötzlich nichts mehr zu sprechen. Ich hatte eine Wut auf ihn, die ich durch Weinen nur stillen konnte. Wenn er das merkte, warf er mir einen schiefen Blick zu, so daß ich vor Angst meine Tränen verbarg. Etwas schnürte meine Kehle zu und zeitweise bedrängte mich Platzangst. Sooft ich an die Mutter dachte, wollte

ich weglaufen, ein paar Mal war ich kurz davor, noch auf türkischem Boden, als Vater mich im Auto allein ließ, weil er pinkeln mußte. Doch ich wäre nicht weit gekommen. Die Angst lähmte auch diesen Gedanken.
Ich betete nur noch dafür, ganz schnell den Ort zu erreichen, an dem mein Vater seine neue, vielleicht viel bessere Heimat gefunden und sein Heim gegründet hatte.
Ich war müde. Dies war meine erste größere Reise und Autofahrt, mir tat alles weh; seit vier Nächten hatte ich nicht einmal ausgestreckt geschlafen, nur ein paar Stunden, wenn mein Vater müde war und nicht mehr weiterfahren konnte, durfte ich auf dem Beifahrersitz einnicken.
In der letzten Nacht wollte er nicht mehr Rast machen, er wollte durchfahren bis zu sich nach Hause. Bei der Ankunft in der Stadt, in der er lebte, muß ich kurz eingeschlafen sein. Als das Auto stoppte, erwachte ich, und mein Vater war schon beim Auspacken. Das Auto war vollgepackt mit Obst und Gemüse, Reiseproviant und Wintervorrat, Weizengrütze, Oliven, kistenweise Käse und Wurst, sogar eine Blechkanne voll Olivenöl war dabei. Stundenlang mußten wir die Sachen ins Zimmer tragen, die schon im Auto begonnen hatten zu stinken. Wir häuften alles zu einem Berg in einer Ecke des Raums, in dem lediglich zwei Sofas, ein Kohleofen und ein kleiner Tisch mit drei Wackelbeinen standen. Endlich konnten wir uns auf die Sofas legen und wir schliefen, bis am Nachmittag des nächsten Tages jemand an das Fenster klopfte und meinen Vater rief. Es war ein Türke. Ich räumte rasch das Zimmer auf, er wurde hereingebeten. Vater machte Teewasser mit einem Tauchsieder, während ich ein paar Sachen zum Essen zusammenstellte. Nach etwa einer halben Stunde gingen sie beide. Vater sagte beim Rausgehen, ohne sich umzudrehen, daß er zum Kaffeehaus gehe und gegen Abend zurückkommen werde. Er zog die Tür hinter sich zu, ich stand wie erstarrt, ich war eiskalt und wütend, ich hätte an die Wände schlagen können. Schließlich warf ich mich aufs Sofa und schluchzte, brüllte, verwünschte meinen Vater mit den schlimmsten Flüchen und

schlief ein. Als ich aufwachte, brannten meine Augen, es war mir kalt, das Zimmer war feucht und stank fürchterlich nach dem Schimmel der feuchten Wände und natürlich dem Käseschimmel, aber davon abgesehen stank mir, glaube ich, sowieso alles. Das Leben auch.
In den folgenden Tagen entdeckte ich meine Umwelt vom Gemeinschaftsklo bis zum Kohlenkeller. Zwei Tage später fing mein Vater wieder an zu arbeiten. Es war Herbst. Es machte mir große Schwierigkeiten, an den trüben, regnerischen, kalten Herbsttagen morgens um fünf Uhr aufzustehen, um meinem Vater das Frühstück vorzubereiten. Während ich ihm Brote schmierte, rasierte er sich und fuhr weg. Ich legte mich wieder hin, schlief fast jeden Tag bis in die Mittagsstunden. Es gab ja sonst nichts zu tun. Am Nachmittag räumte ich das Zimmer auf und kochte. Gegen 16.00 Uhr kam er ausgehungert nach Hause, so daß wir viel zu früh zu Abend aßen. Dann ging er wieder weg für zwei oder drei Stunden. Wieder saß ich allein da. Erst einige Monate später nahm er mich zum erstenmal zum Einkaufen mit in die Stadt. Die vielen Menschen waren überwältigend. Ich blieb öfter vor den Schaufenstern stehen und bewunderte Sachen, die ich noch nie in meinem Leben gesehen hatte, ich fühlte mich wie im Märchenland. Es war wie ein Schock. Es waren viel zu viele Eindrücke auf einmal, die ich unmöglich alle aufnehmen konnte; ich starrte alles atemlos an. Verwirrt und völlig durcheinander kam ich nach Hause.
In den Stunden, in denen ich allein zu Hause saß, fing ich an zu schreiben. Ich beschrieb alles, was ich gesehen hatte. Das alles mußte ich meiner Mutter mitteilen, außerdem hatte ich allen Dorfmädchen versprochen, öfter zu schreiben. Ich schrieb jeden Tag einen Brief. Als ich sie wieder las, fiel mir auf, daß die Briefe zu betrübt klangen. Das durfte ich niemandem mitteilen. Unser Elend hier durfte niemand außer uns erfahren. Also zerriß ich sie und schrieb von neuem. Ich schickte sie ab und wartete tagelang sehnsüchtig auf Antwort. Das war endlich etwas, womit ich die Zeit vertreiben konnte. Dann versuchte ich wieder zu dichten; nach ein paar Zeilen gab ich es auf: sie gefie-

len mir nicht, ich ließ es sein. Dann bat ich meinen Vater, mir Wolle zu kaufen, damit ich etwas stricke. Mit diesem Wunsch versuchte ich, meinen Vater zu locken, mich noch einmal in die Stadt mitzunehmen. Er tat es auch. Er brachte mich in ein Kaufhaus, wo ich von der Rolltreppe fast hinuntergerollt wäre. Vor lauter Staunen hatte ich nicht aufgepaßt. Stundenlang stand ich vor einem Berg von Wolle aller Farben und Sorten. Welch schwere Wahl. Am liebsten hätte ich alles mitgenommen. Nicht weil ich gierig war, sondern ich dachte, dann hätte ich so viel Wolle, daß ich monatelang stricken konnte, denn ich war nie sicher, ob und wann mein Vater mich wieder mit in die Stadt mitnehmen würde. Ich kaufte auch ein Paar Stricknadeln und begann, einen Pullover für meinen Vater zu stricken, als Dank dafür, daß er mich in die Stadt mitgenommen hatte. Dann passierte etwas Seltsames. Eines abends kam mein Vater mit einem Fernsehapparat – gebraucht natürlich – nach Hause, einer alten großen Klapperkiste. Er stellte ihn an, fummelte lange an den Knöpfen, richtete die Antenne, es erschienen Menschen auf dem Bildschirm; ich warf meine Handarbeit in die Ecke und starrte sprachlos die Bilder an. Zwar war ich schon mehr als drei Monate in Deutschland, konnte aber noch kein Wort Deutsch, woher auch? Ich brauchte ja mit niemandem zu sprechen. Der einzige Mensch, zu dem ich Zugang hatte, war mein Vater, und das auch nur dann, wenn er gerade Lust hatte.

Bei dem Fernsehgerät war ich nicht ganz sicher, ob er von selbst auf die Idee gekommen war oder ob irgend jemand ihm ins Gewissen geredet hatte. Von da an brachte er auch hin und wieder kleine Haushaltsgeräte, wie Töpfe, Besteck, Geschirr sowie einen zweiplattigen elektrischen Kocher, nach Hause. Langsam lösten sich die Eisblöcke zwischen uns auf. Manchmal erzählte er lange von seinen vergangenen Jahren, einsam in Deutschland. Er machte mir sogar wegen meiner Kochkünste Komplimente.

Eines abends nahm er mich zu einer türkischen Familie mit, die zwei Töchter hatte. Bei dieser Familie war es sehr nett. Die

Mädchen gingen hier zur Schule, waren aufgeweckt und recht modern, obwohl ihre Mutter und ihr Vater genau solch einen bäuerlichen Eindruck erweckten wie meine Eltern, trotz ihres jahrelangen Aufenthaltes in diesem Land. Auch sie kamen aus einem – allerdings westanatolischen – Dorf, aber sie hatten Verwandte in Istanbul, außerdem waren die Mädchen schon im Grundschulalter nach Deutschland gekommen. Dem entsprechend hatten sie sich hier angepaßt. Im Laufe des Abends brachte die Frau ein paarmal ihr Bedauern zum Ausdruck, daß wir so weit auseinander wohnten, sonst könne man sich des öfteren sehen, meinte sie und streichelte meine Haare und sagte, du armes Mädchen. Ich war schüchtern. Als ich ihre warme zärtliche Hand an meiner Wange spürte, dachte ich an meine Mutter, und es war mir zum Heulen zumute. Am späten Abend, als wir wieder nach Hause gehen mußten, war der Abschied von dieser Familie sehr schwer, denn dies war meine erste richtige Begegnung mit Türken in Deutschland.
Den Winter verbrachte ich neben dem Kohleofen, der mollig warm wurde, wenn er nicht gerade vor Ruß erstickte. Nach und nach legte sich mein Vater ein Radio, einen kleinen Kassettenrekorder mit türkischen Kassetten zu, und an Wochenenden, manchmal auch in der Woche, brachte er eine türkische Zeitung nach Hause. Ich strickte voller Eifer wie ein Mädchen für seine Aussteuer. Doch davon war nicht einmal zu träumen. Ich beschäftigte mich, um nicht zu grübeln. Wenn ich ins Grübeln geriet, war ich meistens in Gedanken in unserem Dorf und führte laute Gespräche, stundenlang. Dann rüttelte ich mich wach aus dem Traum und hatte Angst, verrückt zu werden. Ich fragte mich, wie es mit mir weitergehen sollte.
Im folgenden Frühjahr wurde ich 18 Jahre alt. Mein Vater suchte schon lange nach einer Zwei-Zimmer-Wohnung in der Nähe seiner Firma, wo auch die türkische Familie wohnte. Es war wieder Hoffnung in mir, ich träumte von nun an von schönen Dingen.
Doch dauerte es sehr lange, bis wir eine Wohnung zu einem für unsere Verhältnisse angemessenen Preis gefunden hatten.

Wir zogen um und richteten uns wohnlich ein – soweit es sich mit vergammelten Sperrmüllmöbeln wohnlich einrichten läßt. In diesem Jahr war kein Urlaub geplant. Mein Vater befand sich angeblich im finanziellen Engpaß, die Schulden, die durch den Hausbau entstanden waren, hatte er noch nicht abbezahlt, außerdem hatte er das Auto gewechselt. Ich hatte Schuldgefühle und berechnete die Wolle und andere Textilien, die er für mich gekauft hatte. Im Herbst des folgenden Jahres begann ich, in seiner Firma zu arbeiten. Das war gerade noch rechtzeitig, denn im November desselben Jahres hieß es: Deutschland braucht keine Gastarbeiter mehr, Anwerbestopp. Keine Ausländer durften mehr kommen.
Eines Tages hatte mein Vater mich mitgenommen zu seiner Arbeitsstelle; er stellte mich seinem Meister vor, dann gingen wir ins Büro, wo eine türkische Frau für uns dolmetschte, denn mein Vater braucht trotz seiner langen Aufenthaltsjahre immer noch einen Dolmetscher. Ich wurde eingestellt. Vom nächsten Tag an fuhren wir sehr früh zur Arbeit. Am ersten Arbeitstag war ich sehr aufgeregt, aber ich mußte nur zugucken, wie die anderen Frauen arbeiteten. Es waren auch türkische Frauen, die nebeneinander sitzend irgendwelche Drähte in rasender Geschwindigkeit umwickelten. Einige drückten mir die Hand, andere grüßten mich, ohne sich umzudrehen, denn es war keine Zeit. In der Frühstückspause sprachen einige Frauen mit mir. Ich muß sehr verängstigt ausgesehen haben, so daß sie mich auf die Schultern klopfend ermutigten, sie alle hätten dumm angefangen und würden nun die höchste Leistung erbringen, die man von ihnen erwartete.
Der Tag verging voller Eindrücke, und ich fuhr abends mit ganz neuen Gefühlen nach Hause. Natürlich war ich müde, so müde, daß ich in meinen Kleidern völlig erschöpft auf dem Sofa einschlief. Nachts wachte ich einmal auf und merkte, daß mein Vater mich zugedeckt hatte. Er schnarchte, ich schlief auch weiter.
Im Winter konnten wir nur ein Zimmer heizen, den anderen Raum benutzten wir nur, wenn Gäste kamen. So schlief ich im

Winter mit meinem Vater im selben Zimmer. Zur Wohnung gehörte eine Gemeinschaftstoilette draußen im Hof, aber keine Dusche. Mein Vater duschte im Betrieb, ich mußte einmal in der Woche kesselweise heißes Wasser machen, Türen fest verschließen, und in der Zeit, in der mein Vater in der Stadt war, konnte ich mich ausgiebig in einer Plastikbadewanne waschen.
Die Arbeit war nicht schwer, ich beherrschte die Handgriffe bald, gewöhnte mich auch relativ schnell an die Regeln des Betriebes. Mit den Frauen kam ich gut zurecht, ich verdiente, und seitdem ich verdiente, war mein Vater großzügiger mir gegenüber geworden. Selbstverständlich wurde mein Gehalt auf sein Konto überwiesen, ich bekam jedoch nun ab und zu einen Geldschein auf den Tisch gelegt für meine kleinen Ausgaben. Mich störte das nicht. Ich war stolz, daß ich mich bezahlt machte. In dem ersten Jahr, als ich immer zu Hause saß, hatte ich recht viel zugenommen und war ganz schön rundlich geworden. Nun nahm ich rasch ab. Ich merkte, wie meine Kleider mir immer weiter und weiter wurden. Der Haushalt – noch hatten wir keine elektrischen Geräte wie Waschmaschine, Staubsauger etc. – die Arbeit im Betrieb und vor allem das Bemuttern meines Vaters schlauchte mich. Dennoch war ich zufrieden. Wenn ich Lust hatte, durfte ich nun jeden Samstag mit meinem Vater in die Stadt gehen; das tat ich auch. Dort kauften wir dann für die ganze Woche groß ein. Jedesmal kehrten wir mit vollgepackten Plastiktüten zurück, wobei wir die meisten Sachen im türkischen Lebensmittelgeschäft besorgten.
Mein Vater hat sich schon immer von türkischen Waren ernährt, er ißt nie draußen, er hat noch nie so richtig deutsches Essen gegessen. Er sagt, er könne sich nicht einmal vorstellen, was die Deutschen essen. Ehrlich gesagt das denke ich auch, denn wenn ich so auf dem Wochenmarkt oder in Lebensmittelgeschäften sehe, was angeboten und gekauft wird, dann glaube ich, daß sich die Deutschen hauptsächlich von Bier, Wurst und Konserven ernähren. Am Arbeitsplatz essen sie jeden Tag Brot mit Aufschnitt und trinken Kaffee. Wir Ausländer dagegen ha-

ben jeden Tag etwas anderes mit. Meistens selbstgebackene Teigwaren oder Frikadellen usw. Auch Spanier und Griechen bringen die tollsten Sachen zum Betrieb, und dann tauschen wir miteinander, und die Deutschen gucken dabei zu, fragen manchmal, was wir essen, manche ziehen eine Miene, als wollten sie weglaufen. Das kümmert uns wenig, aber wenn sie uns schief angucken oder manchmal über uns Ausländerinnen lästern, dann sind wir ausländischen Frauen im Betrieb uns alle einig. Wir lassen sie nicht laut über uns schimpfen, wir sind viele. Trotzdem deprimiert mich das.

Mein Gott, warum können wir nicht friedlich miteinander leben? Wir alle haben unsere Probleme, und es läßt sich alles gemeinsam besser verkraften. An manchen Tagen sehen manche der deutschen Frauen so betrübt und unglücklich aus, manche weinen in der Pause und erzählen sich gegenseitig ihr Leid. Weil sie sehr schnell sprechen, verstehen wir nicht, worüber sie reden, aber an ihren Gesten und ihrem Gesichtsausdruck merken wir, daß sie sehr schwere Probleme haben müssen. Eine Zeitlang war eine der deutschen Frauen mit den Nerven so fertig, daß sie ein paarmal die Arbeit niederlegen mußte. Eine andere ältere Frau ist einmal zusammengeklappt. Sie tut mir wirklich sehr leid, wenn ich sie sehe, möchte ich sie umarmen, ich möchte ihr helfen, ich möchte herzlich gerne mit ihr befreundet sein, ich möchte sie trösten. Irgendwie geht das nicht. Ich weiß nicht warum. Auf jeden Fall spreche ich auch noch nicht genug Deutsch. Obwohl ich denke, um die Menschen gerne zu haben, braucht man keine Sprache. Außerdem kann ich inzwischen das Nötige an Deutsch, obwohl es noch nicht für eine ausführliche Unterhaltung reicht. Mit all dem möchte ich nicht sagen, daß im Betrieb dicke Luft herrsche, aber ich vermisse die Herzlichkeit, die die Frauen bei uns auf dem Lande füreinander haben. Hier sind auch die türkischen Frauen nicht so herzlich zueinander, wie sie es zu Hause wären. Hier haben sich auch türkische Frauen verändert. Sind wir alle zu geldgierig geworden; kann jeder nur noch sich selbst sehen? Niemand will es zugeben, aber niemand bemüht sich auch spontan um den anderen. Jeder redet davon, Haus und Hof anzuschaffen, von dem neuen Videogerät oder vom Auto. Doch keiner redet über seine Schwierigkeiten, als dürfe er sich nach außen nur von der guten Seite zeigen. Das ist mir so fremd. Vielleicht idealisiere ich die menschlichen Beziehungen in unserer Heimat, jedenfalls kenne ich es von unserem Dorf her so, und es ist vielleicht in anderen Teilen der Türkei anders. Wer weiß. Auf jeden Fall sind unsere Menschen nicht so kühl und unfreundlich wie die Deutschen.

Wir wohnen inzwischen in einem dreistöckigen, ziemlich heruntergekommenen Haus. Unsere Wirtin ist eine 80-jährige alte Frau, eine kleine zierliche Frau. Sie hat ein Gesicht wie ein kleiner Schimpanse. Soweit es an uns liegt, versuchen wir, friedlich mit allen auszukommen. Aber sie ist so unberechenbar, so wechselhaft, daß wir ständig Angst haben müssen vor ihren Launen. Manchmal weiß ich nicht, was ich tun soll, wenn ich fühle, daß ihre Blicke mich töten möchten. Vielleicht merkt sie es gar nicht. Wir wohnen nun schon einige Jahre hier, und sie war oft genug in unserer Wohnung, immer wurde sie nett aufgenommen, wir dagegen wissen nicht einmal, wie ihre Wohnung von innen aussieht. Das ist überhaupt eine komische Familie. Die Wirtin hat eine ältere Tochter, fast im Pensionsalter, die morgens um 6.00 Uhr aus dem Hause geht und abends um 6.00 Uhr zurückkommt; wo sie arbeitet, was sie tut, weiß niemand. Dann ihr Sohn, er ist unverheiratet und schwer zuckerkrank. Er wohnt allein mit seinem Schäferhund in dem Schuppen hinten im Hof. Auch die Mahlzeiten nehmen sie getrennt ein, das sagt die Wirtin selbst. Ganz unten in der ersten Etage wohnte ihr Mann. Letztes Jahr starb er mit 90 Jahren; bis zu seinem Tode wohnte er allein in der Wohnung, und er versorgte sich auch selbst. Es kam mir so vor, als würden die Mitglieder dieser Familie einander meiden. Ich war Zeuge von manchen Unterhaltungen zwischen dem Mann und der Frau oder zwischen dem Vater und dem Sohn; ein Fremder hätte nicht geahnt, daß das Mitglieder einer Familie sind. Wenn ich an unsere Familie im Dorf denke, dann gerate ich hier in Verzweiflung.

Dennoch sind sie alle religiös, zumindest katholisch und halten ihre Kirchenbesuche streng ein. Ich frage mich, zu was für einem Gott sie überhaupt beten.
Manchmal spricht die Wirtin im Treppenhaus über Politik, über den Krieg, über die Juden, über die Ausländer. Sie sind aus Schlesien hierher übergesiedelt. Sie erzählt schreckliche Sachen über den Krieg, z. B. wie sie geflüchtet sind; in Kohlesäcken hätte sie ihre Kinder versteckt, sie mußte monatelang regelrecht hungern. „Der Russe", sagte sie, „der ist an allem schuld. Und der Pole, der hat die besten Teile von Deutschland. Und was haben sie daraus gemacht", sagt sie, „jetzt müssen wir ihnen auch noch helfen, damit sie nicht verhungern, als Dank dafür, daß sie unser Land genommen haben, wir mußten allesamt Haus und Hof mit Möbeln dort lassen und mußten alles hier von neuem aufbauen; glauben Sie, daß es leicht war? Damals gab's keinen Ausländer, als wir aus Trümmern unser Land aufbauen mußten. Nun sind viereinhalb Millionen Ausländer hier, die wir auch noch ernähren müssen. Ich habe ja nichts dagegen, aber uns geht's ja nun auch nicht mehr gut, sehen Sie doch die Arbeitslosen. Mein Sohn ist mit 14 Jahren freiwillig in den Krieg gegangen. Noch heute trägt er die Kugeln und die Wunden in seinem Körper. Er ist arbeitsunfähig, sein Antrag auf Kriegsrente läuft seit Jahren, glauben Sie, daß der sogenannte Sozialstaat uns einen Pfennig gibt? Wir können nicht einmal unsere eigenen Menschen ernähren. Und dann drängeln sich noch Ausländer in unser Land, die sollen doch alle nach Hause gehen. Ich meine, ich sag ja immer, daß ich nichts gegen Ausländer habe, aber so ist das Leben nun mal."
Ich höre jedesmal geduldig zu, besonders aufmerksam, wenn sie über Ausländer spricht. Dabei ist das fast noch mild, was sie über Ausländer sagt und denkt, gemessen an den Vorstellungen ihres Sohnes. Unter uns wohnt ein Arbeiter, Wilhelm, ein netter Mann. Er ist fast zu jeder Stunde des Tages etwas angetrunken, er ist einsam. Auch wenn er trinkt, ist er eigentlich harmlos. Aber manchmal kommt er zu uns herauf. Bei uns kann er soviel Bier trinken, wie er will. Jedesmal biete ich auch

etwas zu essen an, von dem, was ich gerade gekocht habe. Er freut sich und ißt alles sehr gerne. Er ist begeistert von der türkischen Küche. Auch er erzählt über den Krieg, er war in russischer Gefangenschaft. So wie den russischen Wodka, jugoslawischen Sliwowitz, trinkt er unseren Rakı. Mein Vater ist immer sehr herzlich zu ihm. Einmal beklagte dieser Mann sich über den Sohn unserer Wirtin. Er sagt, er sei etwas verrückt. Er hätte nicht alle Tassen im Schrank. So hätte er einmal den alten Mann im Treppenhaus ganz vertraulich gebeten, er solle aufpassen, wir seien ja nun Türken, die türkischen Männer mit Schnurrbart und so ... wären gefährlich. Alle trügen ein Messer, ihre düsteren Blicke seien unberechenbar, sie alle müßten aufpassen, daß sie nicht irgendwann ein Messer zwischen die Rippen kriegten. Mein Vater war sehr empört darüber und schüttelte nur den Kopf hin und her und sagte gar nichts. Ich frage mich, wenn sie solche Angst vor Türken haben, und wenn sie offen zugeben, daß sie den Ausländern feindlich gegenüber stehen, warum vermieten sie ihre Wohnungen an Ausländer? Weil keine deutschen Familien ihre Bruchbuden bewohnen würden und weil sie uns Ausländer behandeln können wie sie wollen, ihre Wut ablassen wie es ihnen gerade paßt. Das ist nur möglich bei Ausländern oder solchen einsamen, armen, von der Gesellschaft verstoßenen Menschen, wie unserem Nachbarn Wilhelm. Sie sind gut genug, um Aggressionen an ihnen loszuwerden. Wilhelm hat eine gute Seele. Von mir aus sollen alle friedlich in ihren vier Wänden leben wie sie wollen, bis zum jüngsten Tag. Wenn sie nur diesen Hund wegschaffen würden. Das ganze Treppenhaus stinkt nach Hundepipi, man kann es schrubben so oft man will, es geht nicht weg. Dann bellt er jeden auf der Straße an, er ist so wild, daß man Angst kriegt, Gott soll mir nicht böse sein, aber der Mann und der Hund haben eine unglaubliche Ähnlichkeit in ihren Gesichtern. Warum sind diese Menschen so verbissen und ihre Herzen so beklemmt; warum sind sie so einsam und könnten doch die menschliche Nähe so gut gebrauchen?
Vor unserer Haustür ist Halteverbot, das ist eine Einbahn-

straße. Auf der anderen Seite halten Tag und Nacht so viele Autos, daß abends, wenn mein Vater nach Hause kommt, kein Parkplatz mehr frei ist, so daß er den Wagen vor unserer Tür abstellt. Das gefällt unserem Vermieter nicht. Deswegen hat der Sohn schon öfter die Leute angeschrieben, die auch vor dem Haus geparkt hatten; er hat sie sogar angezeigt. Einmal soll er tatsächlich in einer stillen Nacht Reifen von den vor der Tür parkenden Autos zerschnitten haben. Am nächsten Tag wußte niemand, wer es getan hatte. Aber die Nachbarn ahnten es wahrscheinlich. Nach diesem Ereignis stand lange Zeit kein Auto vor unserer Haustür, niemand riskierte es. Und dann wieder eines abends stand der blaue Opel unserer Nachbarin dort, obwohl drüben noch Parkplätze vorhanden waren. Da dachten wir, na, warten wir es ab. In der folgenden Nacht hörten wir dann lautes Geschrei, aber wir wagten nicht herauszugehen. Am nächsten Tag erzählte Wilhelm uns, daß der Sohn der Wirtin wieder mal die Reifen zerschneiden wollte, die Leute aber hatten ihn in die Falle gelockt. Als er sich an die Reifen machte, schnappten sie ihn und verprügelten ihn so tüchtig, daß er sich einige Wochen nicht mehr auf die Straße traute. In der Zeit mußte seine Mutter den Hund spazierenführen.
Solch eine Einsamkeit muß schlimm sein. Wenn man keine Beziehungen zu den Nachbarn und nächsten Verwandten hat, und außer dem Postboten, der auch nur selten an der Haustür klingelt, niemand mit einem spricht. Es muß einem doch die Decke auf den Kopf fallen. Was tun sie bloß, so isoliert Tag und Nacht nur in der Wohnung? Wie verbringt diese alte Frau ihre Zeit? Nicht einmal beten kann sie so lange Stunden. Soweit ich weiß, beten die Christen nur in der Kirche. Und wofür eigentlich? Daß man in den Himmel kommt? Na, das muß ein Gott sein, der diesen Menschen für das Leben so wenig menschliche Güte schenkt, um sie später, in einem ungewissen Paradies, dafür zu entschädigen.
Ich fange schon wieder an, Gott zu lästern, und im gleichen Augenblick fürchte ich ihn. Lieber sollte ich dieses Thema lassen und zurück zu meiner eigenen Lebensgeschichte kommen.

Mein Rücken tut wieder weh. Es ist jeden Winter so seit jenen Tagen vor meiner Hochzeit. Seit der Zeit in den Bergen, im Versteck zwischen den Büschen und als sie mich im Regen durch die Wälder schleppten, werde ich die Schmerzen nicht mehr los. Im letzten Winter hatte mir der Arzt Massagen und Fangopackungen verschrieben, es half etwas, eigentlich bräuchte ich das jetzt wieder, sonst werde ich den ganzen Winter mit krummem Rücken und unter Schmerzen verbringen. Hin und wieder reibe ich ihn mit dem chinesischen Öl ein, das mir eine Jugoslawin besorgt hat. Für den Moment tut es gut, doch sehr bald kommen die Schmerzen wieder. Es ist schlimm, besonders bei der Arbeit, da könnte ich die Wände hochgehen, wenn die Schmerzen kommen. Sollte ich vielleicht Gott bitten, daß er mir die Schmerzen heilt?
Seit jener Zeit heilten viele Krankheiten des Körpers. Doch die tiefen Seelenschmerzen gingen nie fort, nicht eine einzige Minute.
Es war die Urlaubszeit gekommen. Mein erster Urlaub, seit ich die Heimat verlassen hatte. Die üblichen Vorbereitungen, Bestellungen, Geschenke, Besorgungen – wochenlang Laufereien und ein Haufen Geldausgaben gingen ihm voraus. Die Vorfreude war bei mir so groß, daß ich schon Wochen vorher völlig aufgeregt manche Nächte hellwach vor lauter Träumerei im Bett lag und mich hin und her wälzte. Wir hatten fünf Wochen bezahlten und je zwei Wochen unbezahlten Urlaub dazu genommen. Mit dem völlig überladenen Ford meines Vaters – diese Autos werden inzwischen allgemein als Türkenschlitten bezeichnet – fuhren wir los. Während der langen Reise gab es keine Spur von Langeweile. Im Gegenteil. Wie ich, war auch mein Vater gut gestimmt, selbst eine Autopanne konnte die Freude auf unser Dorf kaum trüben. Am liebsten hätten wir unterwegs keine Rast gemacht. Aber wir hatten noch Tage und Nächte vor uns. Vater war eigentlich zäh, aber das Autofahren strengte auch ihn an, bis er so müde wurde, daß wir dachten, es ist besser, etwas später aber dafür heil anzukommen.
Unterwegs trafen wir überall türkische, wie unseres vollge-

packte Autos. Die Rastplätze waren besetzt von türkischen Familien, die tankten, sich wuschen oder an den Straßenrändern auf ausgebreiteten Decken ihr Picknick machten. Dann das Erlebnis an der Grenze mit dem ersten Blick auf die türkische Flagge. Dieses Gefühl kann man gar nicht beschreiben. Ich weiß nur, daß irgend etwas ganz heiß durch mein Herz lief. Nun waren wir nach einer langen Wartezeit und der kilometerlangen Schlange auf türkischem Boden angelangt. Das Auto brauchten wir nicht auszupacken, mein Vater hatte seine Erfahrungen mit türkischen Zollbeamten, er legte schon lange bevor wir an der Reihe waren einen Geldschein in seinen Paß und drückte ihn dem Beamten in die Hand. Der Beamte nahm den Paß zufrieden und steckte das Geld in seine Tasche. Ganz kurz hielt er seinen Kopf ins Auto und streifte mit seiner Hand den Dachgepäckträger und fragte: „Du hast doch nichts zu verzollen, nicht wahr?“ Mein Vater antwortete unter seinem Schnurrbart schmunzelnd: „Natürlich nicht“. Das war ein gekonntes Theater. Aber es schien üblich. So konnten wir uns aus dem Staube machen. Wir waren also in der Türkei, in unserer Heimat, unserem Zuhause. Ich atmete auf und lehnte meinen Kopf an die Sitzlehne, Vater murmelte ein klassisches Lied – ein Lied aus der Gegend unserer Heimatstadt, aus dem westlichen Teil der Schwarzmeerküste – mit traurigem Inhalt. Manchmal verstand ich meinen Vater nicht, oder doch. Seine Traurigkeit, seine Sehnsucht in der Fremde kam scheinbar erst in der Heimat an die Oberfläche seines Bewußtseins. Ich hatte selten meinen Vater singen hören, dachte, er täte es nie. Es gefiel mir, ich hörte zu. Er sang leise aber deutlich, wie ein Wiegenlied.

„Was ist das, was da
auf dem Meer schwimmt?
  Eine Hölle ist das, Kumpel,
  kein Schiff
Wir kommen aus Görele,
Of und Rize.

Nicht nach Feuer,
nach Wasser verlangt unser Herz
Verbrannt bin ich auf dem Meer,
oy verbrannt.
Glühende Kohle hielt ich
für den Granatmund der Liebsten.
Wir kommen aus Sürmene
Hop und Sinop.
Nicht nach Feuer,
nach Wasser verzehrt sich unsere Seele.
Was ist das, was da
in dem Eisenkessel brennt?
Mein Herz ist das, Kumpel,
nicht die Kohle.
Wir kommen aus allen vier Winden,
gezwungen in gleich welche Ferne.
Nicht das Feuer,
unser Durst macht uns fertig.
Verbrannt bin ich auf dem Meer,
oy verbrannt.
Das Brot der Hitze habe ich
in meinen Schweiß getunkt.
Wir kommen aus der Türkei,
gezwungen in gleich welche Ferne.
Nicht die Fremde,
unser Heimweh macht uns fertig"*

An der ersten Grenzstadt hielten wir vor einem Park an, mit dem Gefühl, hier sind wir zu Hause, hier sind wir sicher, uns kann nichts mehr passieren. Nur eines könnte uns passieren, uns konnte das Auto aufgebrochen werden. Es gibt inzwischen Banden, die sich an die Autos der eben aus Deutschland eingereisten Türken heranmachen. Deshalb setzten wir uns in die Nähe des Springbrunnens, so daß wir unser Auto ständig vor

* Entnommen aus der LP von Tahsin Incirci „Barış ve Gurbet Türküleri" Sümeyra ve Batiberlin Işçi Korosu.

Augen hatten. Wir atmeten die Luft, selbst die stinkenden Toiletten störten uns nicht. Einzig daß wir zu Hause waren zählte. Unsere vertraute Heimat.
Mein Vater bestellte einen ganzen Samowar Tee und ein paar Sesamkringel, das war mein Traum in den letzten Monaten gewesen. Einige andere Deutschlandtürken saßen an den Nebentischen, ihre Kinder sprachen Deutsch, eine Mutter antwortete angeberisch in gebrochenem Gastarbeiterdeutsch so laut, als wollte sie eigentlich mitteilen, daß sie aus Deutschland kommen. Verdammt, sagte ich zu mir. Das haben wir davon, wenn solche spießbürgerlichen Weiber etwas Deutsch lernen. Es war geradezu provozierend für mich, wie sie ihrem Kind nachrief. Es ist kein Wunder, daß wir Deutschlandtürken in unserer eigenen Heimat nicht sehr beliebt sind, es ist kein Wunder, wenn man uns in unserem eigenen Lande in die Augen lächelnd verarscht, es ist kein Wunder, wenn sie uns hassen und uns das schwerverdiente Geld mit frecher Selbstverständlichkeit aus unseren Händen stehlen. Ja, unsere eigenen Leute.
Den Rest der Reise bis zu unserem Dorf wollten wir durchfahren. Noch lag ein langer Weg vor uns, doch wer versteht es nicht, wenn man zwei Jahre in der Fremde vor Sehnsucht nach der Heimat gebrannt hat, dann hält man die längsten Strecken durch, dann überquert man Ozeane und kann die Berge versetzen. Doch ich darf nicht unehrlich sein, wir konnten ja nirgends Rast machen, vor Furcht, man könnte uns das Auto unterm Hintern stehlen, während wir drinnen schliefen. Also fuhren wir durch. Noch eine längere Rast machten wir in Istanbul, wobei ich im Auto sitzen blieb; Vater ging in den Bazar und kam mit allerlei kitschigem Souvenirzeug zurück. Er rechtfertigte sich im gleichen Augenblick, bevor ich überhaupt den Mund aufgemacht hatte, er wolle allen Leuten im Dorf etwas mitgebracht haben. So hatte er eine ganze Tüte voll Süßigkeiten, Halsketten, Armreifen, Gebetsmützen, Rosenkränze und werweiß-was noch gekauft. Es dauerte Stunden, bis wir diese unheimliche Stadt verließen.
Nun packte mich die Aufregung aber tüchtig. Als wir auf anato-

lischem Boden waren, fing es an zu regnen. Nichts Ungewöhnliches für die Schwarzmeerküste. Wir fuhren durch die Provinzstadt Zanguldac, die gegenüber Istanbul gottverlassen wirkte, durch die Kreisstadt Eregli, die völlig tot schien. Es war Nacht, die Straßen waren dunkel, die Wege wurden schlecht; hinter Eregli wurde es überhaupt schlimm: Auf holprigen Dorfstraßen, in Matsch und Schlamm, im Eselsschritt, nachts. Die Scheinwerfer schielten in der totalen Dunkelheit, es war weit und breit kein Licht zu sehen. Alle Menschen waren in ihren Lehmhäusern in den tiefsten Schlaf gesunken, als wären sie mit Totenerde bedeckt.
Kein einziges Haus hatte Licht, und keine Menschenseele war auf der Straße, als wir in unserem Dorf ankamen. Ein paar Hunde bellten von weitem, der Regen hatte aufgehört, und die Wege waren im Schlamm völlig verschwunden. Wir waren todmüde aber heil angekommen, erschöpft, doch hellwach. Jetzt hätte ich kein Auge zumachen können. Ich sprang aus dem Auto und klopfte wie eine Irre an die Tür und rief: „Mutter, Mutter ich bin's Gülnaz!" Ich weinte und war total durcheinander. Wenn ein Deutscher diese Begegnung von weitem beobachtet hätte, dies hätte er ganz sicher für Trauer gehalten, für einen Todesfall oder ähnliches. Weil wir aus Freude so laut weinten. Doch selbst bei Beerdigungen habe ich einen Deutschen selten weinen sehen. Auch das hab ich mich oft gefragt, wie diese Menschen ihren Schmerz und ihre Freude so verbergen können.
Unser Wiedersehen mit Mutter, Verwandten und Nachbarn war abenteuerlich, denn in dieser Stunde der Nacht strömten sie alle aus ihren Betten, Häusern, halb nackt und barfuß. Im Nu war ich von Frauen umgeben, Kinder und Männer packten den Wagen aus. Es war ein fröhliches Durcheinander. Ach, war es schön. Als ich mich irgendwann erschöpft auf das Sofa fallen ließ, zogen sie sich leise in ihre Häuser zurück.
Die Tage vergingen wie der Wind. Jeden Tag rannte ich mit Sonnenaufgang auf die Felder, leicht wie ein Vogel, sprang von einem Obstbaum zum anderen, überglücklich und halb ver-

rückt. Wie in alten Tagen ritt ich abends nach Hause zurück. Das Wiedersehen mit allen Freundinnen, nächtelange Erzählungen über die Geschehnisse der letzten zwei Jahre, nahmen kein Ende. Scharen von Menschen kamen zu uns als Brautschauer. Gleich an der Haustür wurden sie zurückgeschickt. Ich hatte längst das Heiratsalter erreicht, und es geschah nichts dergleichen. Ich sah dagegen, daß viele meiner Freundinnen längst verheiratet waren. Einige hatten sogar schon ihr erstes Kind. Und auch ich war nicht abgeneigt, meine eigene Familie zu haben. Aber wie hätte ich es wagen können, überhaupt dieses Thema anzusprechen? Eine der Brautschauerfamilien war so hartnäckig, daß sie bei jedem ihrer Besuche immer einflußreichere Leute aus den umliegenden Dörfern mitbrachten, um meinen Vater zu überreden. Beim letzten Besuch wurde mein Vater unangenehm und bat sie praktisch zur Tür. Danach kamen sie nicht mehr und wir dachten, wir wären sie los!
Es wurden schon die ersten Vorbereitungen für unsere Abreise getroffen. Mutter trocknete Gemüse und Obst, legte Gurken und Tomaten ein. Jeder Tag, der nun verging, war von einem feinen Schmerz begleitet. Niemand wagte darüber zu sprechen, daß unsere Abreise sich mit jeder Stunde näherte. Fast zu künstlich lenkten wir uns mit dem Thema der Hochzeit meiner Kusine ab, die in diesen Tagen stattfinden sollte; sie hatten extra den Hochzeitstermin auf unsere Urlaubstage verlegt. Nun war die Verwandtschaft eifrig damit beschäftigt, die nötigen Vorbereitungen zu treffen, und ich durfte der Familie die Freude nicht mit meinen Sorgen verderben. Es kam der Tag der Hochzeit. Während die älteren Frauen die Wohnung des Brautpaares schmückten, feierten wir jungen Mädchen in einem Hof mit der Braut. In dem Hof des Bräutigams, der aus der Nachbarstadt war, feierten die jungen Männer. Die Pferde und der Brautwagen wurden mit seidebestickten Tüchern geschmückt. An den Häusern und den Bäumen des Dorfes wehten Fahnen und Luftballons. Der Trommler schlug schon den ganzen Tag sein Instrument, daß einem die Ohren taub wurden. Die Kinder spielten. Jeden späten Nachmittag fand die

Feier auf dem Dorfplatz statt. Scharen von Menschen in bunten Kleidern strömten dorthin. Die Kapelle spielte Hochzeitslieder, die Bräutigamskandidaten tanzten fröhlich, man amüsierte sich. Es war auf dem Festplatz, als ein paar Männer zur Feier des Tages in die Luft schossen. Die Waffen wechselten schließlich die Hände, dann schossen andere Männer in die Luft, zu Ehren des Brautpaares. Ich stand unter einem Baum mit ein paar anderen Mädchen und genoß diesen Augenblick. Ich prägte mir jedes Gesicht ein, jede Szene, jede Melodie, in dem Wunsch, dies alles selbst als Braut zu erleben. Aber auch der Trauergedanke verließ mich nicht. Wann jemals wieder würde ich hier auf diesem Platz eine Hochzeit mitmachen? Würde ich je meine eigene Hochzeit feiern? Hinter all dem der leise bohrende Schmerz der Abreise.
Aus diesen Träumereien wurde ich durch ein paar Schüsse aufgeschreckt. Zwei Männer zerrten mich in eine Richtung. Einer von ihnen hielt eine Waffe an meinen Nacken und drohte, wenn ich schrie, würden sie schießen.
Ein paar Leute sahen mich mit den beiden Männern laufen, sie schauten mit erstaunten Gesichtern und konnten irgendwie keinen Zusammenhang herstellen; in diesem Lärm und der Menschenmenge hat wahrscheinlich niemand begriffen, was los war. Ich wurde in ein auf mich wartendes Auto geschubst, die Männer stiegen dazu, wir fuhren. Auf der hinteren Bank saßen nun zwei Männer, rechts und links von mir. Dies alles geschah innerhalb von zwei oder drei Minuten. Erst als der Wagen losfuhr, merkte ich, daß ich entführt wurde. Im selben Moment erfaßte mich panische Angst. Geradezu hysterisch fing ich an zu schreien. Inzwischen war es recht dunkel geworden, die Männer hatten wohl auch die Dunkelheit abgewartet, damit sie nicht erkannt wurden. Der Fahrer raste durch die hinteren Straßen des Dorfes. Völlig aufgelöst flehte ich sie an, mich gehen zu lassen, als wäre es möglich. Ich wollte wissen, was sie von mir wollten, doch alle waren stur, es kam kein Ton von ihnen, es war auch dumm vor mir, das zu fragen. Wir fuhren fast die halbe Nacht am Meer entlang. Dann hielten sie vor

einer Tür an. Einer der Männer klopfte an die Tür und redete mit dem Hausbesitzer in immer heftiger werdendem Ton. Dann kam er zurück, stieg enttäuscht ins Auto, knallte die Beifahrertür zu und sagte: „In die Berge!“ Anscheinend sollte ich dort mit dem Entführer beherbergt werden, der Hausbesitzer war allerdings nicht damit einverstanden. Welcher von diesen vier Männern mein eigentlicher Entführer war, wußte ich noch nicht. Ich war müde und muß durch das Schaukeln des Autos auf den holprigen Straßen eingenickt sein. Als ich aufwachte, richteten zwei der Männer ein Bett in einer Höhle, die zwei anderen bewachten mich. Es war stockdunkel, der Himmel war klar, voller Sterne. Wie Millionen von Perlen verstreut waren die Sterne, manche unendlich weit, manche so nah, als könnte ich sie fassen. Ich machte mir jetzt klar, daß ich nicht wie meine Freundinnen würdig in die Ehe könnte und nicht einmal wie meine Schwester. Selbst sie fiel in die offenen Arme ihrer Schwiegereltern, als sie geflohen war. Und was war nun mein Schicksal? Wo waren meine Eltern? Während ich an all das dachte, gingen die zwei Männer, welche mich bewachten, in verschiedenen Richtungen hinter die Felsen, um zu pinkeln, die anderen bereiteten die Betten in der Höhle. Plötzlich faßte ich Mut und sprang in die Büsche, ich kroch so tief es ging, und dann entschloß ich mich fortzulaufen, dem Tod entgegenzurennen. „Wenn sie schießen und ich sterbe, dann habe ich die Familienehre gerettet. Mein Versprechen an die Familie muß ich halten, ich darf mich nicht ohne Abwehr ergeben und für diese Burschen leichte Beute sein“, so dachte ich, während ich rannte. Ich lief, ohne die Richtung oder den Weg zu sehen. Die Augustkäfer schrillten, die Nacht war kühl, die Nacht war voller Angst. Als ich dann einige Schüsse hörte, blieb ich stehen, um die Richtung festzustellen. Meine Beine taten weh, zerkratzt an den Distelbüschen, stellenweise bluteten meine Knie.

Als ich fast glaubte, daß sie meine Spur verloren hätten, sah ich die Scheinwerfer hinter mir aufblenden. Ich rannte weiter, aber meine Beine wollten nicht mehr, ich kapitulierte und blieb ste-

hen. Sie packten mich an den Haaren und schleppten mich bis zum Auto und dann bis zur Höhle. Ich stolperte über einen großen Klumpen Erde und fiel hin, danach habe ich es nicht mehr geschafft aufzustehen, sondern ich kroch den Weg zurück. Eine warme Feuchtigkeit spürte ich zwischen meinen Beinen, ich hatte Unterleibsblutungen. Es war die Hölle. Ich schrie, flehte sie an. Meine Hilfeschreie zerschellten an den Felsen und verhallten. Sie schleppten mich auf den Felsen, traten und schlugen. Ich kroch vor ihnen her, meine Bluse war zerrissen, meine Schuhe hatte ich vorhin in die Hände genommen, damit ich besser laufen konnte. Auch sie hatte ich nun verloren. Widerwillig stieg ich das letzte Stück allein auf den Felsen. Mit Taschenlampen folgten mir die beiden Männer, deren Gesichter ich in der Dunkelheit nicht mehr erkennen konnte. Nun war alles aus. Wir waren in der Höhle angekommen. Ich konnte nichts mehr retten. Die Ehre der Familie war ein für allemal verloren. Ich zitterte vor Angst, vor Hunger und Kälte. Ich beugte mich meinem Schicksal, mein Körper schmerzte, meine Augen brannten. Zum erstenmal sehnte ich mich nach meinem Bett in Deutschland. Ich verkroch mich in die Ecke der Höhle, mein einziger Wunsch war nur, in Ruhe gelassen zu werden und die Nacht in dem Strohbett unberührt zu verbringen. Der Morgen würde schon irgendeine Lösung mit sich bringen. Obwohl ich genau wußte, daß ich in die Hände von vier Bestien gefallen war, die mich nie wieder gehen lassen würden, hoffte ich auf ein Wunder.
Als ich in diesen Gedanken versunken war, kam einer der Männer und setzte sich still neben mich. Ich zuckte zusammen und zog mich etwas zurück. Er sicherte mir zu, daß ich keine Angst zu haben brauchte, daß er mir nichts tun wolle. Dann erzählte er, in einer unglaubwürdigen Sentimentalität, daß er mich schon lange in seinem Herzen trüge, er hätte mich lange verfolgt und sich über mich erkundigt. Er hätte das alles nicht verbrochen, wenn mein Vater nicht so stur gewesen wäre. So erfuhr ich von ihm, daß die hartnäckige Frau mit den einflußreichen Bauern, die zu uns zur Brautschau kamen, seine Mutter

war. Er wollte mich auf Gottesgebot zu seiner Frau machen. Ich hätte das alles nicht durchzumachen brauchen, wenn mein Vater sein Jawort gegeben hätte.
Während er dies alles erzählte, schluchzte ich, er dagegen versuchte mich zu beruhigen. Ich entzog mich ihm und sagte, ich wäre nicht die richtige Frau für ihn, ich wäre nicht mehr Jungfrau, ich hätte in Deutschland schon mit mehreren Männern Beziehungen gehabt usw. Er dagegen blieb ruhig und sagte keinen Ton. Ich sollte ohne Angst schlafen und sei hier wirklich geschützt. Dann ließ er mich in Ruhe. Ich kroch unter die Decke in das Strohbett und schlief. Gegen Sonnenaufgang wachte ich mit einem Zucken und Zittern im Körper auf, dann kam auch mein zukünftiger Mann herein. Er sah völlig übermüdet aus, als hätte er die ganze Nacht Wache gehalten. Wir verließen die Höhle zu dritt. Zwei der Männer waren mit dem Auto weggefahren, einer ging vor uns, ich folgte in der Mitte, hinter mir kam mein zukünftiger Mann. So wanderten wir fast den ganzen Tag in den Bergen. Abends rasteten wir wieder bei einer Höhle, zu der uns mit dem Auto Proviant gebracht wurde. Die zwei Männer mit dem Auto flüsterten mit den anderen einige Minuten lang und verschwanden dann wieder. So wanderten wir zehn Tage. Ich wurde nie mehr geschlagen, es wurde auch wenig gesprochen. Yigit, mein zukünftiger Mann, versuchte hin und wieder mich zu überzeugen, daß Widerstand meinerseits nichts bringe. Ich solle nicht versuchen zu fliehen, das, was passiert sei, könne auch ich nicht mehr wiedergutmachen. Das stimmte. Niemand würde mich als ehrenwürdige Ehefrau haben wollen, nachdem ich zehn Tage mit vier Männern in den Bergen war. Niemandem könnte ich nun klarmachen, daß ich unschuldig an dem Ganzen war. Meine Schuld war, als Frau geboren zu sein.
Eines Morgens wurden wir mit demselben Auto und von denselben Personen, die eine außerordentliche Treue zu Yigit zeigten, abgeholt. Wir fuhren stundenlang in der glühenden Hitze. Gegen Abend kamen wir vor einem Lehmhaus an, das seinem Bruder gehörte. In diesem Haus wurde ich von der Frau seines

Bruders fast mütterlich und herzlich aufgenommen. Schon nach ein paar Stunden fühlte ich mich hier sicher und geborgen. Meine Schwägerin bereitete mir zuerst ein Bad, sie wusch meine Haare und legte Henna auf meine Fingerspitzen. Das alles geschah so liebevoll, daß ich mich sogar wohl fühlte, vor allem nach fast zwei Wochen Elend in den Bergen. Ja, ich gehörte von nun an zu dieser Familie. In der ersten Nacht schlief ich mit der Schwägerin von Yigit in einem Bett. Sie erzählte bis der Morgen anbrach von ihrem Schicksal. Es ähnelte sehr dem meinen. Ich umarmte sie und weinte. Ich flehte sie an, mir bei der Flucht zu helfen, denn immer noch hatte ich Hoffnung. Sie dagegen machte mir klar, daß sie es mit ihrem Leben bezahlen müßte, wenn sie es täte. Ich nahm meine Bitte zurück. Sie sicherte mir zu, daß sie ihren Einfluß bis zum Ende zu meinen Gunsten einsetzen würde. Das bedeutete eine legale Eheschließung, religiös und standesamtlich. Am nächsten Tag kam die Schwägerin strahlend mit der Botschaft zu mir, daß mein Vater nun endlich aufgegeben hätte, auf seiner Weigerung zu beharren. Er wäre also einverstanden unter der Bedingung, daß bei der Eheschließung auch meine Familie dabei wäre. Selbstverständlich wurde das akzeptiert. Gegen Abend des folgenden Tages traf der Wagen meines Vaters ein. Ich habe selten so gezittert wie in diesem Moment der Begegnung mit meinem Vater. Die Angst dröhnte in meinem Innern, ich bebte, es lösten sich meine Trauertränen. Ich fiel in die Arme meiner Mutter. Es wurde nicht gesprochen. Jeder vermied, dem anderen in die Augen zu sehen. Eigentlich herrschte eine beispiellose Trauer. Dabei war es keine, wirklich keine Seltenheit, eine Entführung!
Gegen Mittag traf Yigit, rasiert, sauber angezogen, ausgeruht mit einer himmlischen Ruhe in seinen Augen ein. Mit gespielter Reue versuchte er, meinem Vater die Hände zu küssen, ihn um Vergebung zu bitten. Um Vergebung und Verständnis. Dabei feierte er seinen Triumph. Am Nachmittag trafen der Bürgermeister und der Hodscha ein, um die Eheschließung zu erledigen, im wörtlichen Sinne! Es war keine Hochzeit. Jedenfalls

nicht eine, von der ich geträumt hätte. Auch diese beiden Männer waren darauf programmiert, ihre Pflicht zu tun. So erledigten sie es so schnell wie möglich. Danach aß jeder ein Stück von den Süßigkeiten und verschwand wieder. Nun war ich Yigit rechtlich und islamisch als Ehefrau angetraut. Nach der Trauung verabschiedeten sich meine Eltern mit der Bemerkung, daß mein Vater mich in drei Tagen abholen müßte, die Reise nach Deutschland stand uns noch bevor. Ich hatte in diesem Durcheinander völlig vergessen, daß unser Urlaub schon längst abgelaufen war. Mein Vater hatte die außergewöhnliche Situation dem Arbeitgeber schriftlich gemeldet und um zwei weitere Wochen unbezahlten Urlaub gebeten. Da er einer der treuesten Arbeiter unserer Firma war, hatte er nichts zu fürchten, mit der Kündigung und so ... Damals nicht. Inzwischen war durch das Personalbüro unserer Firma der Antrag meines Vaters telegraphisch bestätigt worden.
Ich will nicht mehr über meine erste Nacht mit meinem Mann erzählen, als daß er mich liebte, wie ein ausgehungerter Wolf eine Mahlzeit frißt. Es war eine unbeschreiblich schöne Nacht, voller Zärtlichkeit und Wärme. Nie hätte ich es mir mit ihm so vorgestellt. Ich habe nicht einmal gespürt, wie ich zur Frau wurde. Völlig geschafft von den Geschehnissen der letzten Wochen schlief ich furchtlos ein. Die Sonne schien bereits auf das Bett, als Yigit mich aufweckte. Er war vor mir schon aufgewacht, die Schwägerin hatte für uns beide einen Kübel voll Wasser heißgemacht, damit wir uns von unseren Liebessünden bereinigten. Die drei Tage vergingen schnell. Ich spürte eine wunderbare Geborgenheit und Liebe in diesem Haus. Yigit war glücklich. Er sagte in diesen Tagen einmal, daß er sich für mich eine königliche Hochzeit vorgestellt hatte, bei der sieben Tage und sieben Nächte gefeiert werden sollte, wenn mein Vater das alles bloß nicht so schwergemacht hätte. Yigit war lieb und unsagbar zärtlich zu mir. Ich spürte, er war mir nicht mehr fremd. Ich habe noch nie zu einem anderen Mann eine solche Nähe gefühlt. Nun stand uns die Trennung bevor. Die ewige Trennung, die mein Schicksal zu werden schien. Wie abgespro-

chen kam Vater mich abholen, dies war einen Tag vor unserer Abreise nach Deutschland. Ich bestand darauf, nicht in unser Dorf zu fahren. Ich wollte mich nicht mehr sehen lassen. Ich wollte verschwinden, nachdem das alles passiert war, mögliche Neugierde und Mitleid vermeiden. Doch mein Vater ließ mich nicht reden.
Und er wollte nicht, daß Yigit mich ins Dorf begleitete. Wir fuhren in unser Dorf. Ich wollte niemanden mehr sehen, doch es war nicht zu vermeiden, daß am nächsten Tag das halbe Dorf zu uns zum Abschied kam. Ich wollte weg, um diesem Drama ein Ende zu machen. In Tränen verabschiedeten wir uns von allen möglichen Frauen, die mein Schicksal bedauernd teilten. Wir fuhren. Endlose Kilometer, endlose Tage und Nächte in einem endlosen Gedanken.
Wie erwartet stellte mein Vater weder Fragen noch ließ er mich über das wichtige Geschehnis reden. Er tat so, als wäre nichts passiert. Als wäre es nicht seine eigene Tochter, die in die Berge geschleppt, mit Gewalt zur Frau gemacht wurde. Ich hatte nicht erwartet, daß er mit mir darüber sprechen würde, ohne wenigstens einen Teil der Schuld mir zuzuschieben. So realistisch war ich schon, aber ich dachte, auch wenn er dabei mich beschuldigt, ich hätte mich nicht genug gewehrt, oder wäre sogar freiwillig mitgegangen, würde er zumindest ein paar Worte darüber verlieren. Aber nichts. Gar nichts kam. Jetzt noch nicht.
Unsere Ankunft in Deutschland, wieder Beginn der Arbeit, Fließband, Haushalt und Bemutterung des Vaters. Ich aber wollte meinen Mann. Ich wollte Yigit. Aber wie sollte er kommen? Er wartete auf die offizielle Einladung, zu der eine ganze Menge Behördengänge und Dokumente nötig waren. Zu langsam war das nach und nach erledigt. Er kam. Inzwischen waren sechs Monate vergangen. Ich war schwanger. Mein Zustand beschwerte mir ohnehin den belastenden Alltag noch mehr. Nun mußte ich vier Leute versorgen. Mein Mann versuchte, mir hier und da zu helfen. Insofern war die Arbeit zu ertragen. Was mich betrübte, war der kalte Krieg zwischen meinem Mann und

meinem Vater. Noch bevor Yigit in Deutschland war, machte mein Vater mir das Leben zur Hölle, als wäre ich an allem schuld. In solchen Momenten kroch ich in eine Ecke und sagte am besten nichts. Ich hatte Angst vor heftigeren Auseinandersetzungen, Rückendeckung fand ich ja nicht. Jedenfalls nicht, solange Yigit noch nicht da war. Als würde sich der Zustand schlagartig verbessern, wenn mein Mann käme. Im Gegenteil, es wurde nur noch unerträglicher. Yigit saß den ganzen Tag zu Hause, ohne Kontakt, ohne Arbeit, denn er mußte vier Jahre warten, bis er überhaupt eine Arbeitsgenehmigung bekam. In der Türkei war er Fernfahrer, und hier war es ihm unmöglich, seinen alten Beruf auszuüben. Wenn wir abends nach Hause kamen, mußte nach dem Essen einer der beiden Männer das Haus verlassen, sonst wäre es regelmäßig zu Streitigkeiten gekommen. Wir wohnten sehr beengt. Es war hoffnungslos, eine andere Wohnung zu bekommen. Bald darauf wurde unsere Tochter geboren. Man kann sich vorstellen, wie es aussieht, wenn drei Erwachsene und ein Baby anderthalb Zimmer bewohnen. Und mit der Wirtin war kein vernünftiger Wortwechsel mehr möglich. Wie erwartet, kam auch die Kündigung, noch bevor ich aus dem Wochenbett war. Wir nannten unsere Tochter Filiz, der Sprößling. Ein gesundes, schönes, angenehmes Kind. Wenigstens ein Lichtblick in dieser hoffnungslosen, trüben Welt.

Da Yigit nichts zu tun hatte, als zu Hause herumzusitzen, war es nun seine Aufgabe, auf Filiz aufzupassen. Ich mußte wieder arbeiten, hatte ihm alles immer wieder erklärt, was zu tun war. Er gewöhnte sich zwar an Hausarbeit und Babysitting, konnte jedoch mit seiner neuen Rolle psychisch nicht fertig werden. Es half nichts, ich konnte mir nicht leisten, die Arbeit aufzugeben, um womöglich uns drei vom Vater unterhalten zu lassen. In dieser Zeit gab's immer wieder Auseinandersetzungen zwischen Yigit und mir. Er hatte zunehmend schlechtere Laune, war mürrisch und wurde immer unumgänglicher. Meistens mischte sich noch mein Vater ein, so daß es für uns alle unmöglich war, auf diese Weise zusammenzuleben. Aber was konnten wir tun? Nichts, aber auch gar nichts. An einem Samstagnachmittag kam Yigit freudestrahlend nach Hause, er hatte eine Schwarzarbeit gefunden. Bei den Spargelfeldern sollte er als Laufbursche dienen. Im türkischen Café hatte ein Mann diese Arbeit vermittelt. Vorerst als Saisonarbeiter und für drei Nachmittage in der Woche, damit er endlich Geld verdienen konnte. Ihm ging es weniger um das Gehalt, sondern um die körperliche Betätigung, und vor allem darum, daß er von mir kein Taschengeld mehr zu nehmen brauchte. Denn dieses eine hatte seinen männlichen Stolz besonders zerstört. Für einen türkischen Mann ist es das Schlimmste, was ihm passieren kann, finanziell von seiner Frau abhängig zu sein. Es ist nur selbstverständlich, daß die Gehälter der Ehefrauen automatisch auf das Konto der Ehemänner gehen und die Frauen über ihr Gehalt selten selbst verfügen können.

Zum Glück konnte in der Abwesenheit meines Mannes unsere türkische Nachbarin vom Nebenhaus Filiz zu sich nehmen. Obwohl die Familie selbst bis zum Hals in Problemen steckte, war die Frau so entgegenkommend, und ich war froh, überhaupt jemanden gefunden zu haben. Mittags, wenn Yigit zur Arbeit ging, brachte er Filiz zu ihr, abends holte ich das Kind ab, wenn ich von der Arbeit zurückkam. An der Haustür erzählte mir dann die Frau von ihrem eigenen Elend. Ich allerdings hatte nicht mehr die seelische Kraft, ihr weiter zuzuhören oder gar sie zu trösten. Inzwischen befand ich mich selbst in Bedrängnis, wovon ich niemandem etwas erzählen mochte. Obwohl es sich sicher überall schon herumgesprochen hatte, denn wo Türken in einer Gruppe so eng zusammenleben, da kann man nichts verheimlichen.

Jedenfalls war Yigit von der Polizei geschnappt worden, als er den Betriebswagen von dem Spargelbauern fuhr. Sein Führerschein war hier ungültig, dazu wurde festgestellt, daß er Schwarzarbeiten machte. Er ist zur Zeit noch in Untersuchungshaft, wir rechnen mit seiner Ausweisung! Nachdem Yigit geschnappt war, bat ich die Frau, von nun an Filiz ganztägig zu betreuen. Ganz kühl sagte sie mir daraufhin, sie hätte darauf gewartet, denn sie wüßte, daß ich nicht länger die Situation verschweigen könnte. Ehe ich den Mund aufmachte, erzählte sie mir, warum Yigit im Gefängnis sei. Sie hatte sich wahrscheinlich diese Geschichte selber ausgedacht, die nicht mit der Wirklichkeit übereinstimmte. Doch ich war nicht in der nervlichen Verfassung, ihre erfundene Geschichte zu berichtigen. Ich schwieg. Dann sprach sie über ihre Stieftochter, die sie als Hure beschimpfte. „Sie hat unsere Familienehre geschändet, sie hat uns ruiniert, mein Mann wagt sich ihretwegen nicht mehr in die Öffentlichkeit", sagte sie und dann schlug sie auf ihre Knie und weinte. Ich mußte mich beeilen, ich ließ Filiz bei ihr und lief zum Bus. Während der Fahrt und bei der Arbeit gingen mir die ganze Zeit die letzten Worte der Frau nicht aus den Ohren „Die Hure hat unsere Familienehre geschändet". Sollte ich mich angesprochen fühlen?

Zümrüt Ö.

Aufgesucht in der Justizvollzugsanstalt T., wird die Beschuldigte Zümrüt Ö. vorgeführt.
Auf die Belehrung, daß sie jederzeit einen Verteidiger hinzuziehen könne, verzichtet sie auf diese Möglichkeit. „Schlagt mich nicht, ihr Hurensöhne, laßt mich los, ihr Kanibalen!“ „Ich bin unschuldig, ich bin eine Frau.“ „Wenn Sie mich wieder schlagen, dann werde ich auf die Spitze des Götterfelsens steigen, und von dort werde ich mich ins Meer stürzen, ja, das werde ich tun. Nie wieder werden Sie mich finden, nie mehr werden Sie mich schlagen.“ Die Tat selbst wird von der Beschuldigten nicht bestritten.
So will ich euch alles erzählen, alles, was ich weiß ...
Es war ein kleines Dorf an der Küste des Mittelmeeres: der Himmel, die Felsen, das Meer und wir, wir Menschen. Dann das Leben: die Krankheiten, der Reichtum und die Not, Liebe und Tod, aber nie eine Klage. Ja, so war es.
Unser Lehmhaus stand inmitten des Dorfes, das zwischen den Taurusbergketten und dem Meer liegt. Wir waren drei Geschwister, ich war die Jüngste.
Als ich ein Jahr alt war, starb unsere Mutter; unsere ältere Schwester wurde daraufhin sehr jung verheiratet. Mein Bruder war nur drei Jahre älter als ich. Vater war Arbeiter, im Grunde eine rührende Seele. Vierzig Tage nach der Beerdigung unserer Mutter heiratete er ein Dorfmädchen, das auch keine Eltern mehr hatte und eigentlich viel zu jung für unseren Vater war. In dieser Zeit arbeitete er bei einer Transportfirma in der Provinzstadt als Lastenträger und Verpacker von Obst und Gemüse, das in unserer Gegend angebaut wurde.
Am Mittelmeer ist es nie wirklich kalt, selbst über die Wintermonate ist es so warm, daß man keinen Pullover oder Mantel zu

tragen braucht; von Dezember bis Anfang Februar ist es nur ein wenig kühl und regnerisch.
Anfang Februar ist das Frühgemüse erntereif, so daß es mit Lastwagen und sogar per Flugzeug von Antalya aus in das ganze Land transportiert wird. Frühobst und Frühgemüse wird zu hohen Preisen in den Großstädten verkauft. Natürlich können sich das nur reiche Leute leisten. Die meisten Leute trocknen ihr Gemüse und ihr Obst jedes Jahr im Sommer, wenn die Preise erschwinglich sind. Welchen Anteil der Bauer erhält, darf man gar nicht fragen, trotz der hohen Verkaufspreise. Dennoch zählten unsere Bauern zu den zufriedensten in der Gegend, denn es gab kaum Großgrundbesitzer, zumindest in unserem Dorf nicht. Selbst der einzige Großbauer war nicht sehr exponiert, weil jeder sein eigenes Land und sogar manche ihre eigenen Gewächshäuser hatten, in denen sie die schönsten Paprika, Tomaten, Auberginen, Bohnen, Gurken und Artischocken züchteten. Artischocken kennt die Mehrheit in unserem Lande nicht, sie werden nur in kleinen Mengen gezüchtet, um in die Großstädte wie Istanbul oder Ankara verschickt zu werden. Nur die Reichen kaufen sie, es ist eine seltene Delikatesse. Aber Tomaten werden in Unmengen geerntet, Berge, Kisten, Lastwagen voll. Unsere Gegend war überhaupt eine Tomatengegend.
Das will ich euch noch erzählen, wie unsere Bauern die besten Tomatenzüchter des Landes wurden. Vor mehr als dreißig Jahren – ich war noch nicht geboren – tauchte ein Deutscher in unserer Provinzstadt auf. Warum und woher er kam, wußte niemand. Mit nur ein paar Brocken Türkisch fand er trotzdem relativ schnell Ansehen bei den Einwohnern und wurde rasch in die Gemeinde aufgenommen. Zu Anfang hatte man ihn zwar für einen Geheimdienstagenten aus der DDR gehalten, aber man merkte ziemlich schnell, daß der Mann nichts dergleichen im Sinne hatte, außerdem schwärmte er noch immer für Hitler. Diese Eigenschaft machte ihn beliebt bei der Stadtprominenz, man stellte ihm eine Wohnung und Möbel zur Verfügung, der Gouverneur unserer Stadt schenkte ihm sein Jagdgewehr. Der

Deutsche lebte also wie Gott in Frankreich aufgrund seiner Herkunft, denn die Deutschen waren sehr beliebt bei uns. Bald darauf wurde ihm sein Paschaleben langweilig – wie die arbeits- und leistungswütigen Deutschen nun mal sind – oder vielleicht wollte er sich auch bezahlt machen; außerdem folgten ihm ein paar Monate später seine Frau und seine dreijährige Tochter Sibylle. Die wurden selbstverständlich mit noch offeneren Armen, besonders von den Frauen, aufgenommen.

In der Provinzstadt leben die Frauen besser als die Frauen auf dem Lande. Ihre Männer sind Händler oder Beamte, so daß die Frauen außer Hausarbeit und Kinderbetreuung nichts zu tun brauchen. Daher sitzen sie nachmittags entweder beim Kaffeeklatsch oder beim Friseur. Dem Willi und seiner Frau Gertrud war das Stadtleben mit der Zeit zu langweilig. Der tüchtige Willi hielt es nicht mehr aus, den ganzen Tag von einem Geschäftsinhaber zum anderen, von einer Behörde zur anderen zu spazieren, um sich nach dem Wohlbefinden seiner Freunde zu erkundigen, und eine Tasse Kaffee oder Tee nach der anderen zu trinken oder im Caféhaus Tavla zu spielen. Sehr bald danach zogen sie in ein einfaches Lehmhaus in unserem Dorf. Kurz darauf hatten sie ihr eigenes Gewächshaus, in dem Willi den Boden, das Wasser, die Düngemittel genau untersuchte und mit dem Tomatenanbau zu experimentieren begann. Eines abends holte er die Männer, um seine kiloschweren Fleischtomaten zu demonstrieren. Das war es. Alle Bauern stellten sich um auf Tomatenanbau, als wäre ein Wunder geschehen. Die Bewunderung für diesen Mann wegen seiner Erfindung war groß. Aber nicht weniger wurde Gertrud bewundert, sie nämlich war außerordentlich fleißig an der Arbeit beteiligt. Sie ging mit ihrem Mann auf die Jagd, sie fuhr mit dem Motorrad in die Stadt, um Besorgungen zu machen usw. Das Stärkste aber war, wie die Bauersfrauen sie einmal beim Holzhacken beobachteten und es nicht begreifen konnten; sie sagten nur: teuflisch, teuflisch. So hatten unsere Bauern mit ihrer Tomatenzucht eine neue Karriere begonnen.

In den folgenden Jahren blühte das Geschäft zusehends, da in-

zwischen nur noch die Tomatensamen aus Holland importiert wurden. Trotzdem ging es den Bauern nicht viel besser als vorher. Weiß der Teufel warum, wahrscheinlich deswegen, weil der größte Anteil des Gewinns in den Händen der Zwischenhändler und der Wucherer landete. Nun gut, Willi und Gertrud blieben etwa fünf Jahre in unserem Dorf. Inzwischen sprach das Töchterchen Sibylle perfekt Türkisch mit einer feinen Prise Bauernakzent, aber was macht das schon aus. Sie besuchte etwa zwei Jahre die Dorfschule; die drei lebten zufrieden und glücklich. Inzwischen hatten sie mit Kaninchen- und Taubenzucht begonnen, außerdem gab es ein Aquarium mit aus England importierten Goldfischen. Dies nur als Hobby. Dann plötzlich verschwanden sie irgendwann spurlos. Alles hatten sie zurückgelassen außer ihren Goldfischen. Man erzählte nach ihrem Verschwinden, der Bürgermeister habe sich an Gertrud herangemacht, Willi und der Bürgermeister hätten einen heftigen Streit vor dem Dorfcafé gehabt, das sei der Grund. Andere sagten, die Tochter wachse heran und brauche eine bessere Schulausbildung. Wie es auch sei, sie waren weg, die Tomatenzucht war ihr Erbe. Noch heute wird die Legende von Gertrud und Willi weitererzählt.
Wir haben uns von diesen Wundergeschäften ferngehalten. Mein Vater war im großen und ganzen zufrieden mit seiner Arbeit. Wir wuchsen heran. Unsere Stiefmutter wollte nicht mehr im Dorf leben, und wir mußten in der Stadt völlig neu beginnen. Zunächst mietete Vater eine Wohnung in einem Vorort von Antalya, die völlig neu eingerichtet werden mußte. Vater verschuldete sich tief, das Leben in der Stadt war unerschwinglich teuer, dazu ging mein Bruder zur Schule, alles kostete unendlich viel Geld. Überall fehlte etwas. Das Gehalt des Vaters ging schon in der Monatsmitte zur Neige. Ich kann mich heute noch sehr gut an die Streitigkeiten zwischen meinen Eltern erinnern, wobei sie ihm häufig seine Unfähigkeit und Geschäftsuntüchtigkeit vorwarf.
Dann irgendwann begann die Deutschlandwelle. Obwohl dies zu Anfang unsere Gegend nicht so sehr berührte, stieg später

die Zahl der Auswanderer enorm, denn man hatte von den ersten Auswanderern positive Nachrichten, so daß sich viele dadurch beeinflussen ließen. Meine Stiefmutter wurde immer ungenießbarer, ihre Ansprüche konnten durch das Gehalt meines Vaters nicht erfüllt werden. Sie redete meinem Vater immer zu, nach Deutschland zu gehen. Er weigerte sich, dann sagte er einmal: „Wenn du so scharf darauf bist, dann geh du doch selber hin." Das war es. Sie nahm ihn beim Wort. Vater war das in seiner Wut aus dem Mund gerutscht. Sie jedoch konnte nicht mehr zurückgehalten werden. So hat Vater sie bis zu ihrer Abreise nach Deutschland von Behörde zu Behörde begleitet. Es war dabei überhaupt nicht abgesprochen oder klargestellt worden, was mit uns, den Kindern, geschehen sollte, ob und wann sich die Familie wieder zusammenfinden würde. Für Vater war es eine unvorstellbare harte Überwindung, zu ihrem Entschluß von Herzen ja zu sagen. Aber was hätte er tun sollen, sie war nicht mehr zu bändigen, und Vater war schon gar nicht imstande, wie schon immer, sich durchzusetzen. Sie ging. Noch bevor sie fort war, wurde ich zu meiner Großmutter väterlicherseits gebracht. Zurück ins Dorf. Ich hatte sowieso kein gutes Verhältnis zu der Stiefmutter, mein Bruder trieb sich die meiste Zeit draußen herum, in der Schule oder beim Spielen. Vater versuchte, mit ihr um jeden Preis auszukommen, sie dagegen tyrannisierte uns alle!
Als ich im Dorf bei meiner Großmutter war, atmete ich auf. Ich schlief mit ihr in einem Bett, es war warm, ich war geborgen. Sie gab mir alles, was mir bis zu der Zeit fehlte, ich hing an ihrem Rockzipfel wie ein Küken an der Henne. Wir zogen durch die Felder, ich verlor meine Ängste. Es war niemand mehr, der mich schlug, nicht mein Bruder, nicht mein Vater und nicht sie. Dabei schlug mein Vater uns nur ihr zuliebe, zumindest kam es mir so vor. Mein Bruder und ich waren also der Grund ihres Unglückes.
„Würden Sie bitte übersetzen, die Angeklagte möchte ihre Lebensgeschichte, wenn es geht, kurz fassen, obgleich wir dieser Legende mit großem Interesse und Aufmerksamkeit gefolgt

sind. Unsere Bitte ist in ihrem Interesse, denn sicher möchte sie auch, daß es sich nicht übermäßig in die Länge zieht." „Aber wie soll ich das alles kurz fassen, können Sie mir das sagen? Schlagen Sie nicht, bitte hören Sie auf, es tut weh. Ihr Schweine, schlagt mich nicht, ihr Schurken!"

Anfang September war es, an einem sonnigen Morgen, ich war noch nicht sieben Jahre alt, als ich mit anderen Mädchen und Jungen aus unserem Dorf eingeschult wurde. In schwarzen Uniformen, mit weißen Spitzenkragen, die unsere Hälse drückten, während uns der Schuldirektor auf dem Schulhof einen langen Vortrag über Gott und die Welt, über Atatürk und das Vaterland, über Fleiß und Moral hielt. Die Sonne glühte über unseren Köpfen. Am liebsten wollten wir jetzt in den kühlen Klassenräumen sitzen, malen, spielen, singen. Unsere Ungeduld wuchs, einige Jungs der hinteren Reihe waren stillschweigend verschwunden, alle wurden unruhig. Der Rektor redete und redete, bis ihm der Hals trocken wurde. Als auch er zu schwitzen anfing, ließ er die Horde in das Klassenzimmer hineingehen.

Hausaufgaben, Zeugnisse, Versetzungen und Nichtversetzungen, immer die gleichen Gesichter, die gleichen Schulbänke, die gleiche junge schüchterne Lehrerin aus der Stadt. Die Jahre vergingen. In der vierten Klasse blieb ich sitzen. Danach waren es zwar andere Kinder und ein Mann als Klassenlehrer, aber es wurde für mich immer langweiliger, das, was ich ein Jahr lang gepaukt hatte, noch einmal durchzukauen. Ich schwänzte die Schule, es machte mehr Spaß, am Strand alleine zu spielen, während alle Kinder in der Schule waren. „Bitte schlagen Sie mich nicht, mein Lehrer, bitte sagen Sie es nicht meinem Großvater, ich schwöre Ihnen, ich werde nie wieder ..."

Inzwischen war mein Vater der Stiefmutter nach Deutschland gefolgt. Ich habe alles nicht so genau mitgekriegt. Bevor er nach Deutschland ging, kam er ab und zu ins Dorf, er berichtete von den Ereignissen, von den Briefen der Stiefmutter und auch darüber, daß sie nach ihm verlangte. Er ging also weg. Mein Bruder hatte nach der Grundschule mit der Hilfe des

Lehrers die Aufnahmeprüfung für die mittlere Offiziersschule bestanden, die ein Internat war. Schon damals hatte er militärische Neigungen, markierte beim Spielen oft den General. Mit der Aufnahme in diese Schule, war er in aller Augen gerettet. Danach habe ich ihn lange Jahre nicht mehr gesehen. Er hat sich auch gar nicht um mich gekümmert. Selbst in den Ferien blieb er im Sommerlager der Offiziersschule. Er schien sich unter den werdenden und gewordenen Soldaten völlig etabliert zu haben, als sei er dazu geboren.

Der Mann meiner Schwester war in der ganzen Familie unbeliebt. Das wußte er, darum kam er nie zu uns und schickte meine Schwester auch nicht. Auch gehörte sie nun der Familie ihres Mannes; unsere Frauen haben keine andere Möglichkeit, als sich den Schwiegereltern unterzuordnen. So war eigentlich unsere Familie zerfallen.

Völlig zerbrochen aber ist sie nach dem Tode der Großmutter. Sie wurde vor meinen Augen im Stall von einem Pferd getreten, in dem Moment blieb ihr die Luft weg, sie wurde sofort blau im Gesicht und starb an Ort und Stelle. So begann die bittere Wende meines Schicksals. Für mich gab es eine einzige Bleibe; wieder bei meinem Vater und das bedeutete: in Deutschland. Erst Jahre später habe ich so nebenbei mitgekriegt, daß die Stiefmutter mich nicht haben wollte, sie hätte es lieber gehabt, mich als Adoptivkind an irgendwelche Leute in der Stadt freizugeben. Mein Vater versprach, daß sie nun selbst endlich Mutter werden könne und daß ich dann auf das Baby aufpassen würde. Das war in der Tat die beste Lösung. Denn sie wollte weiterarbeiten, mehr Geld haben, mehr kaufen, mehr besitzen, so ihre Machtposition stabilisieren, obwohl sie durch die ganzen Jahre hindurch das Sagen in unserem Hause hatte. Eine Zeitlang hatte sie beharrlich darauf bestanden, mich arbeiten zu lassen, damit auch ich zur Familienkasse beitrage, ich dagegen wehrte mich, denn ich war noch nicht einmal richtig ein Kind. Trotzdem schleppte mein Vater mich einmal auf ein Generalkonsulat, um mein Geburtsdatum zu verändern, damit ich rechtlich das arbeitsfähige Alter erreichte.

Doch zu meinem Glück gab's dort Schwierigkeiten, es klappte nicht. Ich war noch im schulpflichtigen Alter, ich war elf Jahre alt. Unser Mißerfolg beim Konsulat löste zu Hause eine unerträgliche Disharmonie aus. Fast jeden Tag gab's Krach zwischen den Eltern; aus irgendeinem Grund, manchmal auch ohne jeden Grund schrie die Stiefmutter, schmiß Tassen und Teller in die Gegend, so daß man denken konnte, sie sei krank. So hatte ich immer mehr Angst vor der Dämmerung. Jeden Tag in den Nachmittagsstunden zitterte ich vor Angst. Wenn meine Eltern nach Hause kamen, vermied ich es sie zu sehen, verzog mich in eine Ecke, bis die Stimmung erträglicher wurde, denn niemand konnte es meiner Stiefmutter recht machen. Mit nichts war sie ohne weiteres einverstanden. Sie fand immer einen Grund, um einen Streit vom Zaun zu brechen. Die meisten Anlässe hingen mit mir zusammen. Es war so unerträglich, was ich auch tat, war verkehrt, ich konnte nichts gut machen, nichts war ihr recht. Vater hielt sich völlig heraus, wenn sie mich angriff, denn wenn er mich in irgendeiner Weise in Schutz nahm, wurde der Streit noch massiver. Nur wenn sie mich schlug, versuchte er, mich aus ihren Händen zu retten, denn in ihrer Dämonie hätte sie mich erwürgt, wenn mein Vater nicht dagewesen wäre. Deswegen ging er nie abends weg, um mich mit ihr nicht allein zu lassen.

Ich kam mitten im Schuljahr in die Schule. Ein türkischer Lehrer, viele türkische Kinder unterschiedlichen Alters, unterschiedlicher Herkunft, Mädchen, Jungen, ein Haufen Elend. Es war eine sogenannte Vorbereitungsklasse. Vielleicht hat es Wochen gedauert, bis jemand in der Klasse mich überhaupt bemerkte. Ich saß fast immer allein in einer der hintersten Reihen. In den Pausen drückte ich mich vor dem Spielen mit anderen Kindern. Nach einigen Wochen erst bekam ich Kontakt mit anderen Mädchen, später dann mit den Mädchen aus anderen Klassen. Diese Schule kam mir vor wie eine Schule in der Türkei. Sie lag eine Busstunde entfernt von unserem Ort. Das Dorf, in dem unsere Schule eingerichtet war, war klein, hatte eine Hauptstraße und einen Riesenkaufhof, in der Ferne gab es einige Bauernhöfe. Die Schule hatte vor uns nicht mehr genug deutsche Schüler, daher stand, bevor die Türkenklassen eingerichtet waren, die Hälfte der Schule leer. Auf der anderen Seite lebten in den umliegenden Orten viele türkische Familien zerstreut. So hatte man diese Schule als eine Zentralschule für türkische Kinder eingerichtet. Morgens holten uns mehrere Busse von unseren Orten ab. Für manche Kinder dauerte die Fahrt 1 ½ Stunden; wenn wir in der Schule ankamen, waren wir schon völlig kaputt, manche Kinder mußten um 5.00 Uhr aufstehen, um den Bus um 7.00 Uhr zu erreichen. Andere Kinder, deren beide Eltern berufstätig waren, mußten sich morgens allein fertig machen. So füllte sich jeden Morgen der Bus mit halbverschlafenen, halbangezogenen, halbsatten Kindern. Ich glaube, bei den meisten dieser Kinder war der Schulbesuch weniger ein Anlaß zum Lernen, sondern mehr ein Treffzentrum zum Spielen, denn da sie zerstreut in ihren Ortschaften wohnten, hatten sie in ihrer Freizeit kaum Möglichkeiten, türkische Spielkameraden zu finden; ich sage türkische, weil in dieser Schule genau zu sehen war, daß wir alle von den Deutschen nichts wissen wollten. Diese sogenannten Vorbereitungsklassen waren nichts anderes als ein Türkengetto, in dem alles Türkische beibehalten und konserviert wurde. Unsere Deutschkenntnisse erwarben wir nicht im Unterricht, sondern vom Fernsehen. Fast alle unserer Lehrer konnten so schlecht Deutsch, so daß der Unterricht fast immer in türkischer Sprache ablief. Es war uns recht so. Niemand war da, der uns kontrollierte. Dem Direktor – ein kleiner alter Mann, der eigentlich seines Lebens müde war – schien es willkommen, solange wir den Schulfrieden nicht störten. Aber leider dauerte dieser sogenannte Friede höchstens einen Tag lang. Es gab kaum einen Tag, an dem nicht eine Fensterscheibe kaputtging oder Schlägereien zwischen Türken und Deutschen zustande kamen. Auf dem Schulhof hatten die deutschen und türkischen Schüler überhaupt keine Berührung, so als wären sie durch eine Mauer getrennt. Nur selten wurde diese Mauer durchbrochen von dem einen oder anderen deutschen Mädchen, das auf unsere Seite

zum Spielen kam. Sonst herrschte eine regelrechte Feindschaft zwischen den beiden Gruppen. Heute, Jahre im nachhinein, kann ich sagen, daß diese Feindschaft nicht aus den Kindern entstand: Wir wurden abgesondert in allen Bereichen. Dann wurde die Feindschaft von oben geschürt. Wir Kinder spürten sehr deutlich unser Unerwünschtsein. Im Grunde paßten wir nicht in das traditionelle Bild des Dorfes und der Landschaft. „Stellen Sie sich vor, Herr Richter, 150 Schwarzköpfe in einem friedlichen, ruhigen, christlichen deutschen Dorf!"
Unsere Schule lag zwischen dem Dorffriedhof und der katholischen Kirche. Die Lehrer waren einer bescheuerter als der andere. Aber wie ich schon sagte, war dieser Ort für uns alle ein Fluchtort. Jahre vergingen. Kaum ein Schüler sprach im neuen Schuljahr besser Deutsch als im letzten. Deswegen wurde auch kein türkischer Schüler in eine deutsche Regelklasse aufgenommen. Die deutschen Lehrer wollten uns ja auch nicht in ihren Klassen haben. Wer das Ende der Schulpflicht in den Vorbereitungsklassen erreichte, kam raus. Wenn er Glück hatte, fand er eine unterbezahlte Hilfsarbeit, wenn nicht, dann eben nicht.
Schon zu Beginn meiner schulischen Karriere wußte ich, daß ich keine Leuchte sein würde. Ich wußte auch, daß von Gott für mich kein Prinz bestimmt worden war, der mich aus diesem Elend der Ausweglosigkeit retten würde. Nur noch Hoffnung blieb. Hoffen, daß es mit einem Mal anders wird. „Können Sie nun endlich zu dem Ereignis kommen?" „Ja ich bin ja auch schon dabei."
Es war in dem Sommer darauf, als meine Stiefmutter das Kind bekam. Bevor es geboren wurde, hatte sie entschieden, ihr Kind erst in die Türkei zu Verwandten zu bringen, da sie weiterarbeiten wollte und ich ihrer Meinung nach nicht vertrauenswürdig genug war, auf ihr Baby aufzupassen. Außerdem mußte ich zur Schule gehen. So reisten mein Vater, sie und das vier Wochen alte Baby in die Türkei. Sie flogen und ließen mich zu Hause allein. Die Schule hatte gerade begonnen. Während der Abwesenheit meiner Eltern sollte mich eine Familie beaufsich-

tigen, die über uns wohnte. Der Vater dieser Familie, Beşir, war anfangs sehr nett zu mir. Ich spielte mit ihren Kindern, habe sogar manchmal bei denen geschlafen, weil ich nachts in unserer Wohnung allein Angst bekam. Eines Mittags, nach der Schule, wollte ich mir in der Küche gerade etwas zu Essen machen, da kam Beşir. Er hatte für alle Fälle einen Schlüssel für unsere Wohnung. Er setzte sich zu mir und wir aßen zusammen. Dann näherte er sich mir und fing an, mich zu streicheln. Erst streichelte er mich, wie man kleine Kinder streichelt. Ich war ein sehr zutrauliches Kind. Ich fühlte mich beschützt und geliebt, wenn man mich streichelte. Auch als er mich küßte, habe ich mir zuerst nichts Schlimmes dabei gedacht, aber doch kam es mir komisch vor, denn er versuchte meine Lippen zu kriegen; ich drehte mich um, sein Bart kratzte mein Gesicht. Dann versuchte ich mich aus seinen Armen zu lösen, ich wehrte mich. Ich hatte begriffen. Die Angst packte mich. Je mehr ich mich wehrte, desto gewalttätiger wurde er. Ich schrie um Hilfe, ich schrie so laut, bis ich heiser wurde. Mit einer Hand zog er mich aus, mit der anderen hielt er meinen Mund zu. Ich biß in seine Hand, er schlug mich. Ich kratzte sein Gesicht, ich trat ihn, ich rang um meine Ehre. Dann endlich kam ich von ihm los, er kriegte mich aber wieder und schlug mich so heftig, daß ich danach völlig erschöpft auf dem Sofa lag. Mein Arm tat weh. Nun flehte ich ihn an, mich in Ruhe zu lassen. Ich sagte ihm, daß mein Arm schrecklich schmerzte, er nahm meinen Arm, schwenkte ihn hin und her und grinste. Er war außer Atem. Ich vergoß Tränen, er hatte kein Erbarmen. Ich hatte keinen Ausweg mehr, ich lag in Schmerzen und Tränen, er legte sich auf mich. Er vergewaltigte mich. Ich weiß nicht mehr, wie es genau geschah. Ich empfand schreckliche Schmerzen im Unterleib, ich blutete. Ich blieb weiterhin schluchzend auf dem Sofa liegen. Was konnte ich tun, wohin konnte ich gehen; Ich muß viel später dann vor völliger Erschöpfung wie ohnmächtig eingeschlafen sein. Am nächsten Tag konnte ich den Arm nicht mehr heben, er war dicker geworden. Außerdem hatte ich furchtbare Unterleibsschmerzen.

Als dies alles passierte, war ich kaum zwölf Jahre alt. Ich war körperlich nicht mehr als ein Kind, es war an mir kaum ein Anzeichen des Frauseins vorhanden. Erst zwei Tage später hab' ich mich zur Schule getraut, in dieser Zeit hatte mich Beşir nicht aufgesucht.
Die Angst und die Verzweiflung, die ich in diesen zwei Tagen gespürt habe, kann ich mit Worten nicht wiedergeben. Ich weiß nicht mehr, wie ich es ausgehalten habe, ohne verrückt zu werden oder mich selbst umzubringen. Ich erinnere mich nur daran, daß ich die ganzen schweren Möbel hinter die Eingangstür gestemmt hatte, um zu verhindern, daß er in die Wohnung eindringt. Außerdem hatte ich alles, was als Schutzmittel dienen konnte, wie Messer, Stock, Besen etc. neben mein Bett gelegt, um im Falle eines Falles, wenn er kommen sollte, zuzuschlagen. Als wäre Gegenwehr möglich gewesen.
Als ich mich im Turnunterricht entschuldigte, kam der Lehrer zu mir, sah sich meinen völlig geschwollenen Arm an und veranlaßte mich, mit dem Hausmeister ins Krankenhaus zu fahren. Über die Ursache des Armbruchs habe ich geschwiegen, ich hatte Angst vor noch mehr Gewalt, ich hatte Angst, daß, wenn ich die Wahrheit sagen würde, einerseits niemand daran glauben würde, ich andererseits von allen Leuten dafür noch mehr bestraft werden könnte. Dann würde mein Ruf unter den Türken der einer Hure sein. Aber ich glaube, ich hatte am meisten vor Beşir Angst.
Ich bekam einen Gipsarm. Die Unterleibsschmerzen hab' ich verschwiegen. Ich ging trotzdem weiter zur Schule, um nicht zu Hause allein zu sein und nicht ständig Angst haben zu müssen, er könnte jederzeit in die Wohnung eindringen, mich schlagen. Und immer wenn ich vor Angst zitterte, als hätte ich magische Vorahnungen, passierte es, er kam, schlug mich und zwang mich zum Geschlechtsverkehr.
Ich blieb an manchen Tagen bis in die späten Abendstunden vor unserer Haustür sitzen, bis ich sicher sein konnte, daß Beşirs Frau auch von der Arbeit zurück war oder seine Kinder eben in der Wohnung waren, weil dann die Wahrscheinlichkeit,

daß er zu mir in die Wohnung kam, geringer war. Er seinerseits hatte für die Ursache des Armbruchs eine Geschichte erfunden und allen Leuten, u. a. auch seiner Frau, erzählt, ich hätte das schwere Sofa ungeschickt gehoben, während ich die Wohnung saubermachen wollte. Niemand konnte die Wahrheit sagen und belegen, nicht einmal ich!

Ich ging vom Tag des Ereignisses an nicht mehr in Beşirs Wohnung. Dies fiel hauptsächlich seiner Frau auf, deswegen kam sie einige Male, um mich aufzufordern, zum Essen zu kommen, aber ich habe nicht darauf reagiert. Danach schickte sie mir durch ihre Kinder einige Male etwas zum Essen.

Zwei Wochen nach diesem schrecklichen Ereignis kamen schon meine Eltern zurück. Sie hatten das Baby dort gelassen. Meine Stiefmutter hatte außerdem ein Haus gekauft. Sie kam aus der Türkei wie umgewandelt, sie war so ungewöhnlich nett, auch zu mir. Ich konnte das nicht begreifen. Ich konnte auch nicht ahnen, daß dahinter eine neue Intrige steckte: Nachdem der Versuch, mein Alter beim Konsulat verändern zu lassen, gescheitert war, hatten meine Eltern dies in der Türkei bei den örtlichen Behörden versucht. Dies wurde dadurch vereinfacht, daß ich in den Paß meines Vaters eingetragen war. Nachdem sie dort irgendwelche Beamten beim Standesamt bestachen, wurde ich prompt für vier Jahre älter erklärt.

So wurde ich von der Vollzeitschulpflicht befreit. Von heute auf morgen verließ ich die Schule. Kein Mensch konnte gegen diese behördlichen Bescheide etwas tun. Kurz darauf benachrichtigte Beşir meinen Vater, er habe eine Arbeit für mich gefunden. Es ging alles sehr schnell, ich hatte so oder so keine Chance, die Entscheidungen zu beeinflussen. Mein Vater vertraute Beşir, und der wiederum hatte ein außerordentliches Talent, sich glaubwürdig zu machen; ich habe alles über mich ergehen lassen. Was blieb mir sonst übrig?

Im Grunde machte es mir nichts aus, arbeiten zu gehen. Wenn ich bloß diesen Kerl hätte loswerden können. Ich hatte Todesangst vor ihm, hatte gehofft, wenn die Eltern zurück sind, würde er überhaupt keine Gelegenheit mehr finden, mich al-

lein zu treffen, und dann glaubte ich, würde er mit der Zeit von sich aus aufgeben. Das Gegenteil passierte: Er bot sich freiwillig an, mich morgens zur Arbeit zu fahren – dieses Angebot schien meinem Vater willkommen. Nach seiner Meinung war ich in den besten Händen.
Plötzlich war der Familienfrieden hergestellt. Jeden Morgen standen wir alle drei sehr früh auf, während des Frühstücks wurden die wichtigsten Dinge besprochen, dabei schmierten wir unsere Brote. Vater und seine Frau stiegen in ihr Auto, ich fuhr mit Beşir. Auf der Hinfahrt sprachen wir kaum miteinander. Er setzte mich am Haupteingang der Fabrik ab und kam dann nach Feierabend, um mich abzuholen.
In der Fabrik ersetzte ich praktisch einen Laufburschen. Aufgrund meiner mangelnden körperlichen Kondition hätte ich keine anstrengende Arbeit vernünftig ausüben können. Ich sprang überall ein, wo man mich brauchte, beim Putzen, Ordnen, Aufräumen, Packen und Stoffberge hin- und hertragen. Außer mir arbeiteten dort noch mehr Türkinnen, fast alle im Nähsaal. Es war ein mittelgroßer Textilbetrieb, in dem Damenunterwäsche hergestellt wurde. Die Arbeit, die ich tun mußte, war nicht schwer. In der kurzen Zeit war ich beliebt geworden. Auch mit den türkischen Frauen war ich inzwischen gut befreundet. Zu einer von ihnen faßte ich eine besondere Zuneigung. In jeder Pause nahm diese mich zur Seite, teilte mit mir ihr Essen. Ihre Kinder lebten in der Türkei. Sie war geschieden und lebte allein. Mit der Zeit wurde ich zu einem Ersatzkind für sie. Wir empfanden füreinander die wärmsten Mutter-Kind-Gefühle.
Sie war zunächst auch die einzige, der ich das Ereignis mit Beşir anvertraute. Sie war noch jung und schön, ein wirklich schöner Mensch. Durch sie wurde die Arbeit für mich erträglicher. Wenn sie einen Tag nicht zur Arbeit kam, ging ich zu ihr nach Hause, oder wenn ich das eine oder andere Mal fehlte, machte sie sich Sorgen. Nachdem ich ihr alle meine Geheimnisse erzählt hatte, paßte sie noch mehr auf mich auf. Ich habe ihr jeden Tag erzählt, was Beşir mit mir trieb, daß er mich weiter zum

Geschlechtsverkehr zwang. Jeden Tag nach Feierabend fuhr er mit mir in die umliegenden Wälder und benutzte mich, manchmal im Freien, manchmal aber auch im Auto. Auch meine Drohungen, wenn er so weiter mache, würde ich es allen Leuten erzählen und dann mich selbst umbringen, halfen nicht. Ich wehrte mich dann irgendwann überhaupt nicht mehr. Manchmal schluchzte ich, flehte ihn an, doch ich wurde mit der Zeit gleichgültiger dem gegenüber, was mit mir geschah.
Einmal gab's eine sehr heftige Auseinandersetzung zwischen uns, so daß er mich wieder einmal brutal schlug; ich hatte überall blaue Flecke, als ich nach Hause kam. Da entschloß ich mich, alles meinem Vater zu erzählen. An dem Tag hatte mein Vater Spätschicht und kam erst um Mitternacht nach Hause, während meine Stiefmutter schon schlief. Ich wartete auf meinem Bett, bis er kam und hatte kalte Umschläge gemacht, um die Schmerzen zu mildern. Die blauen Flecke konnte ich jedoch nicht verbergen. Er kam erschöpft nach Hause und wunderte sich, daß ich nicht schlief; ich bat ihn, in mein Zimmer zu kommen. Weinend erzählte ich alles ohne Pause, ich bat ihn, mir zu helfen. Vor allem sagte ich ihm, ich wolle nicht mehr mit Beşir fahren. Genausogut könne er mich zur Arbeit fahren, oder ich könne auch den Bus nehmen. Ich wäre groß genug. Er hörte sich das alles ruhig an, und antwortete schließlich ganz unbeeindruckt, er wolle kein Wort mehr darüber hören. Auch später hat er bei der geringsten Andeutung in dieser Angelegenheit abgeblockt. War das ein Zeichen seiner Kapitulation? Trotzdem verstand ich ihn nicht. Steckte er vielleicht sogar mit ihm unter einer Decke. Nein, das konnte nicht sein. Ein türkischer Vater kann das alles nicht einfach geschehen lassen. Oder doch? War er selbst hilflos, war es wirklich ein Zeichen seiner Hilflosigkeit, seiner Machtlosigkeit gegen diesen Burschen? Hatte er Angst vor ihm? Ja, sicher ist es die Angst gewesen. Denn alle wußten, daß Beşir eine Horde seinesgleichen im Nu zusammenbringen würde, eine ganze Armee könnte er zusammentrommeln, wenn er Hilfe brauchte, und diejenigen würden alles vernichten, wenn er es verlangte. Mein Vater hatte nie

Freunde, er war schon immer konfliktscheu, um nicht zu sagen ein Pantoffelheld. Wer sollte im Falle einer Auseinandersetzung, die dann ganz schnell zu einem körperlichen Überlebenskampft werden würde, ihm zu Hilfe eilen? Es war außerdem zu gefährlich, solch einen Streit zu verursachen, womöglich könnte es durch die geltenden Bestimmungen für Ausländer zu einer Ausweisung für uns kommen. Alle Ausländer, besonders Türken haben eine höllische Angst vor der Ausweisung. Wir hatten Schulden, wir mußten noch eine Weile das Elend in diesem Land aushalten, mit anderen Worten: die Folgen eines Streits könnte unsere Existenz kosten. Viele von unseren Landsleuten leben unter dieser Angst wie Schafsköpfe. Viele lassen die schlimmste Ausbeutung, Gewalt und Ungerechtigkeit über sich ergehen und haben nicht den Mut, sich zu wehren.

Andere, die gewaltsam sind, wie überall in der Welt, sie haben die Mächtigen auf ihrer Seite, sie sind in diesem Machtkampf zwischen Starken und Schwachen die Schützlinge jeder Justiz, jedes Regims. Sie haben immer und von Anfang an ihr legitimes Recht, gewaltsam zu sein. So ist auch die Teilung innerhalb der türkischen Kolonie, und Beşir gehört zu den Starken. Die Korrupten gewinnen immer, warum? Warum? „Ich bin erschöpft, kann ich etwas zu trinken haben?“

Neben den vier Tagen Arbeit in der Fabrik ging ich noch zur Berufsschule, immer noch sprach ich so wenig Deutsch, daß ich kaum dem Unterricht folgen konnte. Doch es war sehr schön dort, denn dort lernte ich meinen Mann kennen. Er war in der Abschlußklasse der Berufsschule. In den Pausen standen wir türkischen Jugendlichen fast immer zusammen. Wir quatschten und erzählten die verrücktesten Dinge. Es machte irre Spaß. Zuerst sah es so aus, als würde ich mich mit Hakan, also mit meinem jetzigen Mann, nicht gut vertragen. Denn wir stritten uns über jede Kleinigkeit, so daß man nie gedacht hätte, daß wir uns einmal vertragen würden. Er hatte immer eine Gegenmeinung, wenn ich etwas behauptete. Aber auch ich ließ mich nicht von ihm kleinkriegen. Während der Berufsschul-

stunden vergaß ich meine übrige Welt, in einer kindlichen Freude genoß ich den Tag. Also, ich ging mit Hakan, so sagte man unter uns Jugendlichen, wenn sich zwei besonders gerne hatten. Ein ungewisses Gefühl hatte mich gepackt. Wir, in unserer kindlichen Leidenschaft, empfanden etwas Unerklärliches, Merkwürdiges, wie Glück und Liebe. In dieser Zeit hörte ich die ersten zärtlichen Worte, ich erfuhr das ernsthafte Interesse eines anderen Menschen an mir. So gewann ich ihn lieb, dachte immer an ihn. Die Woche war ohnehin ohne ihn lang genug. Dann kamen die Weihnachtsferien. Irgendwie hatte ich Angst. Doch ich schmiedete Pläne, baute Luftschlösser, Hoffnungen schmückten meinen Alltag, Hoffnungen machten meine Probleme erträglicher.
In der Zeit, in der meine Beziehung zu Hakan ernst wurde – vor allem die Ernsthaftigkeit Hakans machte mich so stark – widersprach ich Beşir immer mehr, ich wehrte mich gegen ihn, ja, manchmal versuchte ich sogar, künstlich aus dem Nichts einen Streit zu verursachen. Ich sagte ihm einmal, er sei fett, häßlich und alt. Beşir wußte jedes Detail meiner Beziehung zu Hakan, wir hatten uns ja ein paarmal getroffen. Er hatte seine Informationsquellen, außerdem verfolgte er mich ständig. Doch seine Drohungen hörten nie auf. Neuerdings hatte er eine neue Masche, er wollte mich nämlich als seine zweite Frau zu seinem Besitz machen. Im Grunde war ich sein Eigentum vom Tag der Vergewaltigung an, ich war praktisch seine zweite Frau, ich war seiner Gewalt ausgeliefert.
Seitdem ich Hakan kannte und liebte, hoffte ich, er würde mich aus diesem Schlamm retten, doch wenn er es nicht täte ... Wie sollte ich ihm bloß erklären, in was für einem Unglück ich steckte, wo anfangen? Und was wäre, wenn er das nicht versteht, was für einen Türken völlig normal ist, und wenn er überhaupt Schluß macht? Wenn er ... Diese Angst nahm mir manchmal jegliche Lebensfähigkeit.
Während der Weihnachtsferien sah ich Hakan nicht, ich verließ nie die Wohnung, um Beşir zu meiden. Nur einige Male kam eine Nachbarstochter, mit der ich zusammen Handarbeiten

lernte. Die Ferien waren im ganzen äußerlich ruhig, doch innerlich lösten sie in mir Flammen aus. Ich hörte den ganzen Tag traurige Liebeslieder, ich hockte die meiste Zeit am Fenster, in der Hoffnung, Hakan würde unsere Straße überqueren. Welch eine Illusion. Er wußte doch gar nicht, wo ich wohnte. Aber vielleicht hatte er es ohne mein Wissen doch herausgefunden. Vielleicht vermißte er mich auch. Oder kann es sein, daß er mich doch nicht liebt, denn wenn man liebt kann man Berge versetzen. In dieser Zeit begann ich, Liebesromane zu lesen. Alle türkischen Liebesromane, fast alle Videofilme, die Vater von irgendwoher nach Hause schleppte, alle Liebeslieder handelten von der traurigen Liebe. Warum? War es Liebe, was ich für Hakan empfand? Wenn ja, warum sollte diese Bindung nicht die Kraft haben, einen völlig neuen Anfang zu schaffen? Ich hatte doch noch gar nicht angefangen zu leben. All diese Gedanken beschäftigten mich Tag und Nacht. Damals habe ich meinen ersten Brief an Hakan geschrieben, den er erst viel, viel später lesen sollte. Nun waren die Ferien vorüber, die Arbeit begann wieder, und ich hatte mich entschlossen, von nun an nicht mehr mit Beşir zu fahren. Ich nahm schon am ersten Morgen den Bus, ehe Beşir kam. Auch an den folgenden Tagen blieb es so, abends blieb ich wegen Überstunden länger in der Fabrik. In der ersten Woche hatte ich Erfolg. Dann, am ersten Donnerstag nach den Ferien, fehlte Hakan in der Schule. Ich hatte solche Sehnsucht nach ihm. Ich wurde aus Verzweiflung fast verrückt, aber seine Freunde sicherten mir zu, herauszufinden, wo er steckte. In der Mittagspause fuhren fünf Jungs mit Mofas zu ihm nach Hause und brachten ihn zur Schule. Er war also krank. Die folgenden Unterrichtsstunden schwänzten wir und fuhren mit seinem Mofa zu einem italienischen Café. Ich hatte mir in den Ferien so vieles überlegt, was ich ihm sagen wollte. Doch ich konnte nicht. Ich war so aufgeregt und wirklich so glücklich, alle Worte erübrigten sich. Er hielt meine Hand fest, so fest, daß all meine Ängste schwanden. An diesem Tag beschlossen wir, daß wir uns nie wieder, nicht einen Tag lang, verlassen wollten. Er sollte eigentlich heiraten. Seine Fa-

milie suchte schon seit langem ein passendes Mädchen für ihn. Er aber wollte nicht irgendein Mädchen heiraten, das er nicht kannte, er wollte eigentlich überhaupt noch nicht heiraten. Er war ein sehr guter Schüler, er strebte an, nach seinem Abschluß die Berufsfachschule zu besuchen und zu studieren. Dadurch gab es auch bei Hakan zu Hause heftigen Streit. Nun war völlig unerwartet unsere Beziehung entstanden. War es wirklich völlig unerwartet? Im nachhinein meine ich, daß Hakan und ich damals beide in Problemen steckten, jeder von uns brauchte einen, der ihm aus seinen Problemen heraushalf. Und zwar nicht als einen guten Freund, sondern als einen Partner mit Liebe und dem Mut, ihn ein Leben lang zu begleiten. Das durchzuhalten schworen wir uns! Mutig zu sein, treu zu sein, zusammenzuhalten wie „Et – tırnak", wie man in unserer Sprache zu sagen pflegt: wie Fleisch und Knochen, unzertrennlich. Wir beschlossen zu heiraten. Nun kam alles nur noch darauf an, ob er meine Geschichte glauben würde oder nicht. Er mußte an meine Unschuld dabei glauben, wenn er mich wirklich liebte; an die andere, negative Möglichkeit wollte ich gar nicht denken. Und dann plötzlich faßte ich Mut und habe ihm alles bis zu den feinsten Details über mein Elend und meine Ängste erzählt. Er war dabei ruhig, sehr gescheit, dann drückte er meinen Kopf an seine Brust, wischte meine Tränen ab und sagte: „Laß uns gehen."
Als er mich vor unserer Haustür absetzte, kam Beşir aus der Tür heraus, und ich dachte, nun ist es passiert. Mein Herz klopfte, meine Knie zitterten vor Angst. Doch nichts passierte. Hakan fuhr ab, Beşir stieg in sein Auto ein, ich ging ins Haus. Am nächsten Morgen stand Hakan mit seinem Mofa an der Bushaltestelle, um mich zur Arbeit zu fahren. So hatten wir es abgemacht. Unterwegs erzählte er mir, daß Beşir ihn verfolgt und ihm mit seinem Auto den Weg abgeschnitten habe. Er habe ihm gedroht, wenn wir uns wiedersähen, würde er uns beide beseitigen. Hakan tat so heldenhaft, als hätte er keine Furcht. Fast draufgängerisch, er ließ sich nicht einschüchtern.

In diesen Tagen ging alles viel zu schnell. Geradezu beängstigend. Hakan hatte seiner Familie unseren Entschluß mitgeteilt, sie waren sofort einverstanden und wollten die obligatorische Brautschau. Am gleichen Abend schickte seine Familie die Nachricht, uns besuchen zu wollen. Am Wochenende darauf kamen sie, die ganze Sippe. Vor dem Besuch hatte mein Vater mich ausgefragt, wer diese Leute seien, ob es stimme, was Beşir ihm erzählt hätte, nämlich uns zusammen gesehen zu haben. Ich bejahte und begründete es damit, ich hätte meinen Bus verpaßt, schließlich wären wir, Hakan und ich, Schulkameraden, und er hätte mich nach Hause gefahren. Als Hakan und seine Familie uns besuchen kamen, wurden selbstverständlich Beşir und seine Frau mit eingeladen. Vater brauchte Rückendeckung oder besser gesagt jemanden, der ihn bei einer solchen Entscheidung beriet. Wer konnte diese Funktion besser erfüllen als Beşir? Als er und seine Frau an unserer Tür erschienen, dachte ich, jetzt ist alles aus.
Der Abend verlief jedoch ohne bemerkenswerte Schwierigkeiten. Mein Vater war sehr offen und herzlich. Eigentlich nur Hakan, ich und Beşir wußten, was gespielt wurde. Beşir ließ sich nichts anmerken, überspielte seine außerordentliche Gereiztheit so gut, daß andere nichts spürten. Ich kannte ihn viel zu genau, um das, was sich in seinem Kopf abspielte, zu übersehen, um nicht zu wissen, was für eine Dreckseele er in seinem Leib trug. Ich und Hakan grinsten über dieses Schauspiel.
Die Brautschau lief im ganzen doch ohne einen Zwischenfall ab. Vater gab sein Einverständnis. Wir feierten unseren Triumph. Nur die Frage blieb offen, wo wir wohnen, wovon wir leben würden. Ich wartete schon auf diese Frage des Vaters, ich war darauf vorbereitet. Kaum hatte Vater seinen Satz zu Ende gesprochen, da sprang ich von meinem Platz und sagte, das hätte ich schon mit Hakan abgesprochen, wir hätten die Lösung. Ich würde weiter arbeiten gehen, Hakan sollte die Berufsfachschule abschließen. Ich könnte, solange Hakan in der Ausbildung wäre, meine Familie ernähren. Außerdem könnte Hakan auch in den Ferien Aushilfsarbeiten machen. Mit einem

glücklichen Lächeln auf den Lippen und ein paar Tränen in den Augen sagte Hakans Mutter: „Mein Kind“ – eine bessere Schwiegermutter hätte ich mir nicht träumen können – „aber wir lassen euch doch nicht verhungern.“ Ich war gerührt. Es war also auch ihr Wunsch, daß Hakan die Ausbildung zu Ende bringt. Mein Vater sagte nur: „Ja, wenn ihr soweit beschlossen habt, bleibt uns ja nur noch, zu allem Ja zu sagen.“ Beşir stand plötzlich auf und meinte, es sei spät geworden, er müsse sich verabschieden. Das bedeutete für mich neue Gefahren, neue Intriganz. Er hatte nicht erwartet, daß es so schnell zu einer Entscheidung, so leicht zu einer Übereinstimmung kommen würde. Er und seine Frau gingen. Hakan und seine Familie gingen auch bald darauf. Beim Abschied legte mir seine Mutter eine goldene Halskette um den Hals, sie drückte mich ganz fest an ihre Brust.

Die folgende Nacht war die glücklichste, aber auch unruhigste, schlafloseste denn je für mich. Pläne, Hoffnungen, Wünsche, Gebete, Ängste, wieder Hoffnungen, wieder Pläne – ich schlief ein.

Der Verlobungstermin war für Ostern bestimmt, die Hochzeit sollte im Sommer stattfinden. Inzwischen hatte Beşir unzählige Male versucht, meinen Vater von unserer Entscheidung abzubringen. Seine Gründe: ich sei zu klein zum Heiraten, ohne sich auch nur ein bißchen zu schämen. Hakan würde mich ausbeuten, sagte er, ohne rot zu werden, dann sei die Familie nicht die richtige für uns, sie würden nämlich miteinander Inzest treiben. Dafür seien sie berüchtigt. Mich und Hakan hatte er weiter bedroht, doch weder Vater noch ich und Hakan ließen uns von ihm beeindrucken. Mich wunderte nur, daß meine Stiefmutter sich die ganze Zeit aus allem völlig heraushielt. Das war anscheinend der bequemste Weg, sie hatte nur die Sorge um den Haushalt.

Nun sollte sie damit selbst fertig werden. Das kümmerte mich nicht, eigentlich kümmerte mich gar nichts mehr. Natürlich habe ich noch weiter den Haushalt geführt und weiter einen Teil meines Gehaltes für die Bankschulden der Stiefmutter abgegeben. Inzwischen hatte ich einen ganzen Teil meiner Aussteuer angefertigt, ich sparte außerdem für die Einrichtung unserer Wohnung. Gleich nach unserer Hochzeit wollten wir in eine andere Stadt ziehen. Fern, so weit weg wie möglich. Von diesem Beschluß wußte nur Hakans Mutter. Allen anderen haben wir es verheimlicht. In den ersten Wochen nach unserer Hochzeit könnten wir bei den Schwiegereltern wohnen und dann möglichst schnell weg von dieser Stadt.

Neu anfangen, ein Leben neu starten, endlich leben ... Neue Arbeitsstelle, neue Schule, neue Umgebung. Anschaffungen für unsere Wohnung, Einrichtung usw. Doch könnte das alles nach und nach besorgt werden. Bloß weg von diesem Elendsstall und weg von diesem Dreckskerl! Hakans Familie stand uns in allen Entscheidungen zur Seite, in all unseren Wünschen und Vorstellungen fanden wir Rückendeckung von ihrer Seite.

„Ich weiß, ich muß mich kurz fassen, aber wenn Sie mich schon verhören und verurteilen wollen, dann müssen Sie sich wenigstens alles genau anhören. Wo war ich stehen geblieben?"

Die Zeit verging, doch es verging nicht ein Tag ohne Angst und ohne einen Zwischenfall. Mit einem Wort, Beşir machte uns das Leben zur Hölle. Mit aller Kraft versuchte er, die Hochzeit zu verhindern. Er schien sich nur noch auf uns konzentriert zu haben. Tagelang verfolgte er uns mit seinem Auto. Er kämpfte an drei Fronten. Um die Burg von innen zu erobern, versuchte er mit aller Kraft, meinen Vater dazu zu bringen, etwas gegen diese ihm mißfallende Entscheidung zu unternehmen. Er brachte meinen Vater mit seinen Komplicen zusammen, damit er in seinen Behauptungen die nötige Bestätigung fand. Mein Vater schwankte zwischen seinem Versprechen und dem, was über meine Schwiegerfamilie und über ihre moralische Einstellung geklatscht wurde. So gab es zu Hause einen Unfrieden sondergleichen. Es war auch die Zeit, wo Vater anfing zu trinken, und zwar wieder durch Beşirs Anstiftung. Er schleppte meinen Vater jeden Abend zum Türkenlokal, um ihn dort einer Gehirnwäsche zu unterziehen, ihn mit Hetze vollzupumpen. Seine bestellten Komplicen, Leute, die ich nie gekannt,

auch später nie zu sehen bekommen habe, bearbeiteten meinen Vater ebenfalls. Eine Zeitlang wurde er jeden Abend spät betrunken nach Hause gebracht. Beşir schleppte ihn zum Lokal, und danach schleppte er ihn auch zurück nach Hause. Jede Nacht, kurz nachdem mein Vater die Wohnung betrat, hörten wir seine Schritte im Treppenhaus.
Meine Stiefmutter verkrachte sich deswegen mit meinem Vater. Einmal ließ sie ihn die halbe Nacht vor der Haustür volltrunken liegen. Beşir kam und holte ihn, die darauf wartende Stiefmutter beschimpfte und beleidigte Beşir, spuckte ihm ins Gesicht, und als er sich zur Wehr setzte, fing sie an, ihn zu schlagen. Als ich aus meinem Zimmer kam, war sein Gesicht völlig zerkratzt, und er versuchte sich gegen die wildgewordene Stiefmutter zu wehren. Inzwischen kam Vater etwas zu sich und schlug sie und mich mit Fäusten und Tritten. Er war völlig von Sinnen, Beşir lief weg. Solche Nächte wurden später zur Regel.
Manchmal kam mein Vater sehr spät und stürzte sich auf seine schlafende Frau, wollte mit ihr schlafen. Wenn sie ihn ablehnte, schlug er sie; ich kam meist zu spät, um sie auseinanderzubringen. An manchen Tagen wußte ich nicht, ob ihre blauen Flecke von der Liebe oder von den Schlägen waren. Wenn er sie schlug, geriet er völlig außer Kontrolle, als wollte er sich an ihr für die vergangenen Jahre rächen. Vater hatte früher nie getrunken. Der Alkohol bekam ihm nicht. Er hatte auch nie zuvor seine Frau geschlagen.
Die Beziehung zwischen der Stiefmutter und mir war zweischneidig. Auf der einen Seite fühlten wir uns solidarisch gegen Beşir und dem Trinken und Mißhandeln des Vaters. Doch ich wußte auf der anderen Seite, daß sie mich innerlich verfluchte und hoffte, daß alles möglichst schnell vorübergehen würde. Auch sie dachte, daß alle Probleme sich lösen würden, wenn ich heiraten und so das Haus verlassen würde.
Beşir aber ließ mich nicht mehr in Ruhe, er verfolgte mich auf der Straße, auf dem Schulweg, beim Einkaufen, überall tauchte er plötzlich auf, hielt mich an und zwang mich mitzu-

kommen. Es war ein Alptraum für mich, alleine in die Stadt zu gehen. Ich mußte ständig Angst haben, daß er plötzlich auftauchen würde. Und wenn er auftauchte, zitterten meine Knie aus Angst vor seiner Unberechenbarkeit.
Einmal bin ich deswegen zur Polizei gegangen und habe gegen ihn Anzeige erstattet, in der Hoffnung, die Polizei könne mir helfen. Sie unternahm aber nichts, außer ihn schriftlich aber höflich zu bitten, gelegentlich beim Polizeirevier vorbeizukommen. Das war in den Tagen nachdem er und seine Komplicen Hakan geschlagen hatten. Hakan wollte von der Polizei nichts wissen. Doch ich tat es trotzdem. In seiner Aussage stritt er natürlich alles ab, die Bullen ließen ihn frei, es lag ja nichts Ernsthaftes vor. Und ich hatte keine Zeugen. Wegen meiner Anzeige bei der Polizei habe ich mich mit Hakan zum erstenmal ernsthaft in die Haare gekriegt, weil ich vor allem von der Schlägerei erzählt hatte. Hakan fürchtete um seine Aufenthaltserlaubnis.
Inzwischen, etwa fünf Monate später, waren unsere Unterlagen aus der Türkei eingetroffen. Hals über Kopf, still und bescheiden, heirateten wir, ohne jede Feierlichkeit, selbst das Lächeln eines Brautpaares fehlte auf unseren Lippen. Nicht einmal ein Foto gibt es von dem Tage. Heute erinnere ich mich ungern daran, bekomme ein kaltes Gefühl im Rücken beim Gedanken an den regnerischen Augusttag, an verkrampfte Konsulatsbeamte und an die Trauzeugen, die widerwillig hierher gekommen waren und lieber überall anders gewesen wären, als bei unserer Hochzeit Trauzeugen zu spielen und womöglich im nächsten Moment von Beşirs Leuten auf der Straße überfallen zu werden. Aber nein, nicht sie wurden überfallen, sondern wir im Wagen meiner Schwiegereltern, in dem wir als frisch vermähltes Brautpaar saßen, um die nächste Hölle Beşirs zu erleben. Wir wurden überfallen, brutal geschlagen, alle vier Reifen des Autos wurden zerschnitten. Dieser unvergeßliche Denkzettel war das Hochzeitsgeschenk von Beşir. Er schreckte vor nichts zurück. Das wollte er damit beweisen. Er selbst war nicht unter den Peinigern. Dazu war er doch zu feige. Im Nu

malträtierten vier Männer uns und das Auto und verschwanden, ohne eine Spur zu hinterlassen. Wir waren nicht einmal in der Lage, uns das Nummernschild oder die Automarke zu merken. Die Männer sahen alle gleich aus. Nicht ein einziges Gesicht haben wir später bei der Polizei richtig beschreiben können. Das einzige Merkmal, das ich von einem der Männer behalten hatte, war die Narbe eines Messerstichs an seiner rechten Wange. Unsere Anzeige blieb erfolglos. Wir waren alle eingeschüchtert. Keiner von uns, nicht einmal der Schwiegervater, war in der Lage, irgend etwas zu unternehmen. Wir mußten schleunigst weg von hier, wir saßen auf einem Vulkan, meinetwegen waren die Schwiegereltern nun auch noch in solche Schwierigkeiten verwickelt worden. Wir mußten sie entlasten. Meine Schwiegereltern hatten von den mysteriösen Ereignissen zwischen Beşir und mir keine Ahnung. So konnten sie gar nicht fassen, was passierte, warum es passierte; sie fanden keine Erklärung für das Geschehene.
Bald waren auch die Schulferien vorbei. Das Schuljahr würde beginnen. Hakan hatte sich an der Berufsfachschule beworben und war angenommen worden. Wir mußten möglichst schnell konkrete Schritte unternehmen, um unser eigenes Leben bald in vernünftige Gleise zu bringen. Die ohnehin sehr engen räumlichen Verhältnisse bei den Schwiegereltern wurden durch uns noch weniger erträglich. In der Zeit schliefen Hakan und ich im Wohnzimmer auf der Couch, unsere Koffer standen vollgepackt in der Ecke, bereit zur Abreise, wenn wir nur einen Ort gewußt hätten. An einem Wochenende fuhren wir so völlig ohne konkrete Aussichten zu einer Freundesfamilie von Hakans Eltern, etwa eine Stunde Autofahrt entfernt, in eine kleine Stadt, wo auch viele Türken lebten. Wir nahmen unsere Koffer mit; für den Fall, daß wir eine Unterkunft fänden, würden wir prompt dort bleiben. Doch diese Familie war sehr warmherzig und bereit, alles Machbare für uns zu tun. Lang und breit erzählten die Schwiegereltern die ganze Geschichte, daraufhin bot sich die Familie als eine vorläufige Bleibe an. Sie behielten uns dort, boten ihr Ehebett an, es half nicht, daß wir

nicht annehmen wollten. In dieser Nacht waren wir seit unserem Hochzeitstag zum erstenmal allein, denn in der Wohnung der Schwiegereltern mußten wir ständig Vorsicht üben, weil jederzeit das Wohnzimmer, worin wir schliefen, von ihnen betreten werden konnte: Alle Räume in der Wohnung hatten eine Tür zum Wohnzimmer. So hatten wir einander kaum geliebt. Im Bett brachen wir beide in Tränen aus. Es war also ein Schicksal. Hakan war sehr traurig, nachdenklich. Er war nicht in der Lage, ein Wort über die Lippen zu bringen. Es fiel mir auf, daß in den letzten Wochen das Licht aus seinen Augen und das nur ihm eigene Lächeln von seinen Lippen verschwand. Im rhythmischen Takt unseres Schluchzens, wie ein Wiegenlied, schliefen wir ein. In der Nacht wachten wir immer wieder auf, vor Schreck eingeschlafen zu sein, und merkten beide, daß wir das Streicheln unserer Hände so nötig hatten wie ein Kind an der Mutterbrust ... Wir schliefen immer wieder ein, und wenn wir wieder aufwachten, streichelten wir einander unaufhörlich, als würde uns etwas Schreckliches, Unerwartetes mit dem Morgen, mit dem Sonnenaufgang auf ewig trennen. Ich umklammerte ihn mit meinen Armen so fest, aus Sorge, daß niemand, auch keine göttliche Kraft, uns auseinander bringe.

In der darauffolgenden Woche lief alles wie am Schnürchen. Ich hatte eine Arbeitsstelle, Hakan hatte sich bei der hiesigen Berufsfachschule angemeldet, wir hatten eine Mietwohnung mit einigen Möbeln übernommen. Nur daß wir eben mehr Geld brauchten und es noch zwei Monate dauern würde, bis wir einziehen konnten. Solange konnten wir natürlich bei dieser Freundesfamilie wohnen, wobei deren Wohnverhältnisse noch beengter waren als die der Schwiegereltern. Als wir alles soweit hatten, blieb uns nur noch, die letzten offiziellen Beziehungen an unserem alten Wohnort abzubrechen. So fuhren wir an einem Tag mit dem Zug zu den Schwiegereltern, sie waren bei der Arbeit. Danach wollte ich zu meinem alten Arbeitsplatz fahren, um zu kündigen. An der Bushaltestelle tauchte Beşir wieder auf. Wie bestellt. Er drohte mir aus seinem offenen Wagenfenster heraus, ich sollte vernünftig sein, bevor es zu spät sei und mitkommen. Er würde mich immer noch akzeptieren. Ich lief weg und hielt die nächste Taxe an. Als ich an meiner alten Firma ankam, stand sein Wagen vor dem Haupteingangstor. Ich holte vom Büro meine Papiere. Als ich schnell rauslaufen wollte, sah ich sein schmieriges Gesicht im Nebel des Zigarettenqualms in seinem Auto. Ich lief zurück in den Betrieb und wartete bis zur Mittagspause, damit meine türkische Bekannte mich mit ihrem Wagen nach Hause fuhr. Ihr Wagen stand hinten auf dem Parkplatz. So konnte er uns nicht sehen, als wir durch den hinteren Ausgang das Gelände verließen. Von diesem Tag an habe ich das Haus nicht mehr allein verlassen. Wir waren ja auch nur ein paar Tage in dieser grausigen Stadt. Sehr bald fuhren wir wieder weg, da ich zum einen meine neue Arbeit anzutreten hatte, zum anderen in wenigen Tagen Hakans Schule begann. Ich wollte außerdem nicht eine Minute länger hierbleiben. Ich hatte hier nichts mehr verloren. Obwohl mein Vater wußte, daß ich wieder hier war, hat er sich nicht blicken lassen. Mir würde es also gar nicht schwerfallen, die Stadt zu verlassen und einen Schwamm über die ganze Vergangenheit zu ziehen. Aber Hakan war besorgt; ich will nicht sagen, daß er ein Muttersöhnchen war, aber er hing an seiner Mutter, sehr. Es fiel ihm schwer, sich zu trennen.

Als Kind hat er lange Jahre ohne seine Mutter auskommen müssen, um so stärker hing er nun an ihr. Es war schwierig für ihn, jetzt ein erwachsener Mann zu sein und eine ganze Menge Verantwortung zu tragen, ein eigenes Leben zu führen und all die Probleme einer junggegründeten Familie allein zu bewältigen. Ich dagegen war bereit, alles Frühere aufzugeben, um das eigene Nest aufzubauen. Ich hatte das Gefühl der Familienzugehörigkeit und Mutterwärme nie so richtig gekannt, dabei war ich noch sehr jung, nur wußte das niemand außer mir. Ich dachte, wenn ich mein richtiges Alter sagte, würde mich niemand mehr ernst nehmen.

Das darauffolgende Jahr verlief völlig zufriedenstellend. Glück, wenn es sich so ergibt. Zum Teil verrückt, wie zwei Kin-

der, von Zeit zu Zeit wie zwei Erwachsene standen wir vor Problemen, als drehe sich die ganze Welt nur noch um uns.
Nach diesem Jahr drehte sich die Welt in die andere Richtung. Ich erwartete ein Kind. Hakan hatte immer stärker werdende Magenschmerzen. Unsere finanzielle Lage wurde mit neuen Anschaffungen für die Wohnung und das Baby zunehmend schlechter. Wir standen vor der Frage, was tun. Nach längeren Überlegungen beschlossen wir, zu den Schwiegereltern zurückzuziehen. Ich hätte niemanden gefunden, der auf das Baby aufpassen könnte, außerdem hätten wir nur mit meinem Gehalt allein nicht dafür bezahlen können. Bei den Schwiegereltern würden wir durch Schichtwechsel das Baby bis zum Kindergartenalter durchkriegen. Hakan hatte oft Ganztagsschule. Und seine Schule war für uns alle das Allerwichtigste, an dem niemand herumreden durfte. Wir waren bereit, alles zu tun, bis Hakan die Schule abschließt. Einige Wochen vor der Geburt zogen wir zu den Schwiegereltern. Nun wurde alles noch enger, aber Hakans Eltern freuten sich wie die Kinder auf den Stammhalter; tatsächlich wurde es ein Junge. Ein verrückter Stolz in einem unvergleichbaren Elend. In meinem Land glauben die Menschen, daß Gott den Kindern seinen Reichtum mit in den Mutterleib gibt, so daß niemand auf der Erde vor Hunger sterben wird. Dabei haben wir nicht einmal eine Ahnung, wie viele Menschen in unserem Land wirklich vor Hunger und Unterernährung krepieren. Außerdem glauben wir, daß jedes Neugeborene Glück in die Familie bringt. Unser Kind würde sicher nicht vor Hunger sterben, während jährlich Hunderttausende Kinder in meinem Land sterben, bevor sie ihre Augen in die Welt öffnen. Nichts hilft, die alten Menschen und die Babies in den langen harten Wintermonaten Anatoliens vor dem Tod zu retten.
Unser Kind starb nicht Hungers. Es wurde in gelbe, selbstgestickte Kissen mit blauen Schmetterlingen geboren. Unser Kind hatte alles, was es brauchte und nicht brauchte, bevor es noch auf der Welt war. Aber das Unglück, in das es hineingeboren wurde, hatten seine Eltern nicht beseitigen können. Emre

wurde unter Schmerzen geboren. Seine Augen kullerten wie zwei schwarze Oliven. In endloser Gier trank er meine Brust wund. Gesund, drei Kilo schwer, war er das neue Glück der Familie.
Da wir im vorhergehenden Jahr gewissermaßen Ruhe vor Beşir gehabt hatten, dachten und hofften wir, Beşir habe mich vergessen. Ich sage „gewissermaßen", weil er mich vor allem im letzten halben Jahr überhaupt nicht direkt belästigt hatte. Er versuchte weiterhin, mich meinem Vater gegenüber schlecht zu machen, er erfand die schmutzigsten Lügen, mit denen mich mein Vater bei seinen gelegentlichen Besuchen beschuldigte und mir vorwarf, Hakan geheiratet zu haben. Danach trieben es nämlich Hakans Vater und ich miteinander, und Hakan bot mich anderen Männern an. Aufgrund dieser Beschuldigung des Vaters habe ich meine Beziehung zu ihm abgebrochen, ich habe ihn gebeten, nicht mehr zu kommen. Er hielt sich daran. Wir hatten wirklich ein halbes Jahr lang unsere Ruhe und konzentrierten uns nur noch aufeinander. Außerdem war ich so schnell schwanger geworden, und die ersten Monate der Schwangerschaft schlauchten mich: Die Arbeit, der Haushalt und dann die Schwangerschaft, das war sehr viel. Aber ich war glücklich. Nach dem Mutterschaftsurlaub habe ich mich wieder bei meinem alten Arbeitsplatz beworben und wurde auch prompt angenommen. Hakan ging in seine alte Schule. Seine Lehrer, seine Freunde feierten seine Rückkehr. Eine Umstellung war es trotzdem für uns alle. Wir alle mußten lernen, miteinander zu leben, was nicht immer einfach war. Doch wenn meine Schwiegereltern die Liebe, die Güte und das Verständnis nicht gehabt hätten, wäre schon damals einiges schiefgegangen. Ich fragte mich in dieser Zeit oft, wie lange sie Geduld mit uns haben würden, und dann sagte ich mir, es kann nicht lange dauern. Sie können nicht alles hinnehmen. Irgendwann muß alles zerplatzen. Hakan unterzog sich einer gründlichen Behandlung wegen seines Magens, seine Mutter pflegte ihn, wobei sie noch das Kind betreute und den großen Haushalt zu führen hatte. Außerdem hatte sie noch Heimarbeit angenom-

men. Was für eine Engelsgeduld und Kraft diese Frau hatte! Sie war klein und rundlich, still und ohne jegliche Beschwerde, dabei war sie nicht die Jüngste und die Gesündeste. In der letzten Zeit ging Hakan allerdings immer häufiger aus. Er traf sich mit seinen Freunden, sie gingen einen trinken. Ich kam abends nach der Arbeit heim, und dann ging für mich zu Hause die Arbeit weiter. Ich kochte das Abendessen, und außerdem sammelte sich jeden Tag ein Berg von Windeln, die ich ungern meiner Schwiegermutter überließ.

Die Nächte waren nicht immer ruhig mit dem Kind. Zwar brauchte ich ihn nicht mehr zu stillen, aber er schrie fast jede Nacht. Ich sprang als erste auf, damit die anderen nicht auch noch aufwachten. Aber es war unvermeidlich, daß Hakan sich gestört fühlte, denn das Baby schlief mit uns im Wohnzimmer. Jedesmal reagierte Hakan sehr mürrisch, drehte sich um und schlief weiter. Morgens sahen wir uns nicht. Er brauchte nicht so früh aufzustehen. Manchmal stand seine Mutter auf und machte Frühstück für mich und ihren Mann. Manchmal fuhr mich mein Schwiegervater mit seinem Wagen zur Arbeit. Ich mußte jeden Morgen um sechs Uhr dort antreten. Wenn aber mein Schwiegervater Nacht- oder Spätschicht hatte, was ja jede Woche wechselte, fuhr ich mit dem Bus eine dreiviertel Stunde; deshalb mußte ich noch früher auf den Beinen sein, und die Busfahrten zur Arbeit erschöpften mich. Ich kam noch müde und schlecht gelaunt jeden Morgen bei der Arbeit an, aber auch die anderen Frauen waren morgens nicht besonders lustig. Wer weiß, welche Probleme jede von ihnen in ihrem Herzen trug. Alle wußten, daß morgens kein vernünftiges Gespräch miteinander möglich war, deswegen schwiegen wir in den ersten zwei Stunden. Nach der Frühstückspause kam wieder Leben in den Betrieb, und wir bekamen Lust zu arbeiten, das Lächeln kehrte zurück. Es war an solch einem Unglücksmorgen, als ich meine Finger unter der Presse vergaß. Ich bekam vier Wochen frei und genoß eigentlich die Zeit bis in die einzelne Minute. Meine Hand war verbunden, dadurch blieb ich auch von schweren Hausarbeiten verschont. So hatte ich

viel Zeit für das Baby. Ich spielte mit ihm, fuhr mit dem Kinderwagen spazieren und einkaufen. In dieser Zeit konnte ich etwas länger schlafen, hielt sogar manchmal Nachmittagsschlaf. Wenn Hakan aus der Schule kam, gingen wir hin und wieder in die Stadt, einen Schaufensterbummel machen. Denn sonst, wenn ich arbeitete, war ich abends so müde, daß ich nicht zu gebrauchen war. So blieb Hakan nichts anderes übrig, als abends mit seinen Freunden etwas zu unternehmen. Nur wenn im Fernsehen ein guter Film lief, blieb er zu Hause – oder eben, wenn er Hausaufgaben zu machen hatte. Der Finger heilte leider viel zu schnell. In dieser Zeit habe ich oft an die Frauen gedacht, die nie zu arbeiten brauchen. Wie schön muß ihr Leben sein. Morgens lange schlafen zu können, keine Geldsorgen zu haben, und letzten Endes sagte ich mir, jeder der nicht mein beschissenes Schicksal hat, ist glücklich.
Seitdem wir an unserem alten Wohnort lebten, war ich innerlich von neuem unruhig. Konnte vielleicht diese Ruhe in den letzten Monaten die Ruhe vor dem großen Sturm sein? War es das vorübergehende Heil vor dem endgültigen Tod? Oder sollte der Psychoterror tatsächlich ein Ende gefunden haben? Hatte er vielleicht kapituliert oder befand er sich in der Vorbereitung eines neuen, wirksameren Terrors?
Die Qual der Ungewißheit macht jeden Menschen lebensunfähig. Wenn man die Gefahr kommen sieht, kann man vielleicht, wenn das Glück dazu verhilft, manches umgehen. Wenn das Unglück einen bloß nicht so plötzlich treffen würde, könnte man es vielleicht besser bewältigen. Hätte ich irgend etwas an dem Ganzen ändern können, und wie hätte das geschehen müssen – ich weiß es nicht. Ich war in dieser angstvollen Zeit auch von Hakan allein gelassen worden. Wenn ich das Thema Beşir und meine Ängste berührte, wurde Hakan wütend. Er wollte darüber nichts mehr hören. Ich hatte das Gefühl, er wurde in der letzten Zeit mir gegenüber überhaupt gleichgültiger. Auch seine Begeisterung für das Kind ließ ständig nach. Er kannte nur noch sein Motorrad und seine Freunde. Das war die Zeit, in der ich anfing, innerlich zu vereinsamen. Diese Zeit hielt lange

an. Jedenfalls kam es mir so vor. Damals begannen unsere häufigen Streite, die meistens in körperlichen Auseinandersetzungen endeten. Ich vergesse nie, wie er mich zum erstenmal mit Fäusten geschlagen hat. Eigentlich sagte ich mir an dem Tag, daß es mit Hakan nie wieder gut werden konnte. Obwohl ich ihn liebte und krankhaft auf alles eifersüchtig war, was ihn mehr interessierte als mich, erwägte ich, von ihm wegzugehen. Aber wohin? Er war das letzte Stück Hoffnung, das ich besaß. Was konnte ich machen, wem dies erzählen? Ich flehte ihn an, mich nicht mehr zu schlagen. Wenn er mich schlug, haßte ich ihn. Dann liebten wir uns leidenschaftlich, und beim nächsten Streit schlug er mich wieder – ein Teufelskreis. Während unserer Streitigkeiten verlor er die Kontrolle über sich und beschimpfte mich als Hure und warf mir Dinge an den Kopf, die ich mit Beşir gemacht haben sollte. Seine Vorhaltungen klangen nach langüberlegten Worten. Es waren keine spontanen Vorwürfe. Ich bekam Angst und überlegte, ob er mit Beşir in Kontakt stünde. Tatsächlich, wie ich vermutete, hatte Beşir ihm erzählt, daß er mich weiter „benutze“ und ich mich jederzeit für ihn bereithielte. Jetzt konnte ich Hakan verstehen, wer würde nicht durchdrehen nach solchen Provokationen? Beşir beherrschte dies eine nämlich meisterlich.
Ich wundere mich heute, warum Hakan damals nicht nach dem Messer gegriffen hat. Vielleicht überlegte er da schon, mich zu verlassen. Ich hatte Angst davor. Ich hatte Angst vor dem Streit und Angst, geschlagen zu werden. Ich hatte Angst, vor die Tür gesetzt zu werden. Dann wäre ich Beşir völlig ausgeliefert gewesen. Ich hatte Angst vor Gewalt und Einsamkeit. Irgendwann kam es schließlich zu dem langerwarteten Aufeinandertreffen. Es war, als eine meiner Freundinnen heiratete. Bei dieser sehr aufwendigen Hochzeit traf sich die ganze Türkengesellschaft wieder. Aber das großartigste Wiedersehen war das von Beşir und mir. Während des Abends vergnügte man sich mit Speis und Trank, man amüsierte sich mit Bauchtanz und Subfolklore. Die Frauen saßen wie immer halb versteckt im Schatten ihrer Männer. Ihre mit bunten Kopftüchern bedeck-

ten Köpfe erinnerten an eine Versammlung von Eulen, die auf Ruinen sitzen. Scheu und verängstigt waren ihre Blicke, verlegen und teilnahmslos ihre Bewegungen. Kinder liefen auf der Tanzfläche herum, Kinder schliefen auf dem Schoße ihrer Mütter. Jeder der Männer, jung und alt, demonstrierte seine Männlichkeit in jener Art und Weise, die nur den türkischen Männern zu eigen ist.
Gewöhnlich enden solche Abende mit einer Schlägerei. Das ist wie das Salz in der Suppe. An dem Abend war es friedlich. Aber auch kotzlangweilig. Das einzig aufregende daran waren meine Augen, die Beşir mit jedem Blick eines auswischten. Aber man konnte an diesem Abend auch schon die Schadenfreude über die auf mich zukommenden Katastrophen von seinem Gesicht deutlich ablesen. Als wollten seine Augen mir mitteilen, was mich noch erwartete. An diesem Abend passierte nichts weiter als eine Schlacht der Blicke und Gesten, die meinen Haß und seine Rache mit Worten nicht besser hätten ausdrücken können. Das machte mir Angst. Diese völlig gescheiterte Hochzeit und der unglückselige Abend aber waren erst der Beginn eines endlosen Leidensweges.
In den darauffolgenden Tagen entschloß ich mich nach langem Hin- und Herüberlegen zu einem anderen Lösungsversuch. Im Falle einer Konfrontation mit ihm wollte ich mich von nun an bemühen, im Guten auszukommen. Wie könnte ich ihm bloß klarmachen, daß wir versuchen mußten, menschlich miteinander zu reden? An seine menschlichen Gefühle appellieren? Seinen Glauben an sein Gewissen berühren? Mitleid erwecken? Vielleicht, vielleicht wäre dieses der klügere Weg. Mit Haß und Trotz hatte ich nichts erreicht. Nun im Guten, nun ein letzter Versuch. Würde ich es fertigbringen, so viel und so lange Geduld zu haben, was bedeutete, auch teilweise nachzugeben? Eine Zeitlang so tun, als hätte ich kapituliert, und dann losschlagen, würde es wirklich möglich sein? Versuchen. Nicht ablehnen, beleidigen, erniedrigen, sondern ihn annehmen, zeigen, ihn akzeptiert zu haben, vielleicht sollte ich seine Männlichkeit loben. Vielleicht würde ich ihn wirklich soweit bringen,

daß er irgendwann von alleine zu mir kommt und sagt: „Du hast recht, ich will Dir Dein Leben gönnen, ich will, daß Du glücklich wirst, ich werde Dir nichts mehr antun, und wenn Du meine Hilfe brauchst, als Vater, als Bruder, wie auch immer, werde ich da sein; ich werde zu Dir halten, Du kannst mir vertrauen, und vergiß, was passiert ist. Vertraue mir, ich will nichts mehr von Dir, ich will Dir helfen, was auch passiert, ich werde zu Dir stehen." Wie sehr brauchte ich solch eine Stütze. Ich hatte in diesen Tagen das Gefühl, als würde der Sand unter meinen Füßen immer mehr rutschen, mich in den Abgrund des Meeres ziehen. Als würde ich meinen Halt verlieren und ertrinken. Wer nicht schwimmen gelernt hat, wird ertrinken müssen, aber auch eine letzte Hoffnung existiert. Das heißt, vielleicht kann man sich an einer Seeschlange festhalten vor dem Ertrinken. Und dann sticht sie womöglich, um ihr Opfer für sich zu haben. Dann braucht man die doppelte Kraft, um zu überleben. Das Ufer erreichen, mit aller Kraft an Land kommen. Ich muß es schaffen.

Wollte ich eigentlich damit nur bewirken, daß er vernünftig wurde, oder wollte ich mehr? Ich glaube nur einen Augenblick lang, als diese Gedanken durch meinen Kopf gingen, hoffte ich wirklich, ihn für immer gewinnen zu können. Ich steigerte mich in diesen Gedanken, in meine Wunschvorstellung hinein.

Daß man aus einer Bestie kein Schaf machen kann, gestand ich mir nicht ein. Auf jeden Fall wollte ich es mit viel Opferbereitschaft und Geduld versuchen. Immerhin bestand das Verhältnis schon seit einigen Jahren, und es war nicht möglich, diese namenlose Verbindung mit einemmal zu kappen. Aber ich hoffte auf seine Hilfe, ich brauchte einen Halt, alles war in dieser Zeit so furchtbar trostlos. Ich glaube auch, daß unsere nächste Begegnung ein von uns beiden lang ersehnter Tag war. Als er sich mir an dem Morgen an der Bushaltestelle näherte, sprang ich von meinem Platz und lief zu ihm. Er saß am Steuer und wartete, als wüßte er, was in meinem Kopf vorging. Und ich stieg ein. Auf dem Beifahrersitz brach ich in Tränen aus. Nein, nein, es war keine übliche weibliche List, ich weinte, weil alles sich aufgestaut hatte, ich erinnerte mich an die Vergewaltigungsszenen in diesem Auto, weinte aus Selbstmitleid, und es dauerte lange, bis ich mich wieder gefangen hatte. Er schwieg die ganze Zeit, ich erzählte und erzählte, er reagierte nicht, saß eiskalt am Steuer, fuhr durch mir unbekannte dunkle Straßen und rauchte ununterbrochen. Es war früh morgens. In diesem Teil der Stadt schliefen die meisten Menschen noch. Nur einzelne Lichter gingen an wenigen Fenstern nacheinander an. Der Nebel wurde durch die Straßenlaternen gebrochen. Die Luft roch nach Ruß, nach Arbeit, nach Metall, nach Fließband, nach Schmelzofen, nach Schweiß, nach Armut und Diskriminierung. Er brachte mich zu meiner Firma und sagte nur, daß ich nach Feierabend auf ihn warten solle.

Am Abend fuhren wir zu unserem alten Sündenplatz. Ich wehrte mich nicht, im Gegenteil, ich war gelöst, bereit, alles Schlimme mit mir tun zu lassen. Teilweise empfand ich sogar Lustgefühle. In unserer Sprache pflegen wir zu sagen: „Seytan azapta gerek“ – der Teufel braucht Folter und Gewalt. Wer weiß.

Von da an ging ich morgens früher aus dem Haus und kam abends später. Niemand fragte mich, wo ich gewesen war, und wenn sie gefragt hätten, was in der ganzen Zeit bis dahin vielleicht zweimal vorgekommen war, hätte ich irgendeinen Vorwand erfunden. Das Verhältnis mit Beşir vertiefte sich. Meine Abhängigkeit von ihm wuchs in dem Maße, wie unsere Treffen sich häuften. In Haß und Leidenschaft gekettet aneinander, so magisch angezogen wie nie zuvor. In dieser Zeit versuchte er mich davon zu überzeugen, daß ich Hakan verlassen müsse. Und ich muß sagen, ich war diesem Gedanken nicht unbedingt abgeneigt. Ich löste mich sowieso immer mehr von Hakan und seiner Familie. Das Baby wurde versorgt, ich war nur seine zweite Mutter. Man brauchte mich nicht mehr. Keiner kümmerte sich um mich, ich fühlte mich überflüssig in diesem Verband. Schon seit langem hatte ich mit Hakan auch keinen Geschlechtsverkehr mehr. Ich hatte keinen Mut zu fragen, was mit ihm passiert sei, ob er vielleicht in einer anderen Beziehung stand. Ich hatte ein schlechtes Gewissen. Ich war nicht diejenige, die das Recht gehabt hätte, Fragen zu stellen. So ließ ich es laufen. Ich wartete auf einen passenden Zeitpunkt, aus der Wohnung auszuziehen, mußte aber erst alles gründlich überlegt und vorbereitet haben. Die Frage nach dem wohin war vorläufig überflüssig. Ich würde schon ein Zimmer finden und abwarten, daß Hakan kommt und mich abholt oder nicht. Dann würde sich zeigen, ob er mich weiter haben will. Diese Gedanken gingen mir zwar durch den Kopf, ich habe es aber Beşir gegenüber nie offen zugegeben. Im Gegenteil, ich lehnte seine Vorschläge, mich von Hakan zu trennen, strikt ab. Damit wollte ich erreichen, nicht völlig von ihm beschlagnahmt zu werden, so tun, als hätte ich meine Sicherheit und sei nicht auf ihn angewiesen. Er dagegen spürte selbstverständlich meine Konflikte zu Hause, besonders, nachdem ich mit ihm ein Wochenende in einem Hotel verbracht hatte. Zu Hause hatte ich gesagt, ich würde bei einer Freundin übernachten, welche krank und auf meine Hilfe angewiesen sei. Es gab keine Einwände.

Ich nahm schon lange keine Antibabypillen mehr. Deswegen pflegte ich Beşir, wenn wir schliefen, zu sagen, er solle vorsichtig sein. Zu Anfang klappte es auch gut. Je leidenschaftlicher es wurde, desto nachlässiger wurden wir.

Beşir wußte, daß ich seit sieben Wochen schwanger war. Ich konnte das Kind nicht haben, so entschloß ich mich Hals über Kopf, in die Türkei zu fliegen, um das Kind dort abtreiben zu lassen. Beşir war mit mir einer Meinung und wollte mich auf dieser Reise begleiten. Ich bat ihn hierzubleiben, damit es nicht noch mehr auffällt. Er jedoch bestand darauf, mitzufliegen, schließlich sei es ja sein Kind. Außerdem sagte er, ich hätte in Istanbul keine Bekannten; ich kannte die Stadt überhaupt nicht, ich hatte Angst, dort allein hinzugehen.

Er buchte die Reise. An einem Freitagmorgen packte ich das Allernötigste in eine Plastiktüte, ließ eine kurze Nachricht auf dem Tisch im Schlafzimmer und verließ das Haus, als würde ich zur Arbeit gehen. An der Bushaltestelle wartete Beşir in einem

blauen Ford Transit, am Steuer saß der Mann mit der Narbe an der rechten Wange. Wir fuhren erst nach Frankfurt. Am selben Tag flogen wir nach Istanbul und suchten bereits tags darauf einen Arzt auf. Wir bezahlten in D-Mark. Die Ausschabung war eine Sache von zehn Minuten mit Lokalanästhesie. Nach zwei Stunden konnte ich wieder nach Hause gehen. Eine Routinesache. Erst als ich aufwachte, begriff ich, in was für einem schmutzigen Schlamm ich steckte. Wir fuhren ins Hotel zurück. Dort legte ich mich ins Bett und schlief. Beşir wollte in Istanbul seinen Geschäften nachgehen. Was für Geschäfte und mit wem, kann ich nicht sagen. Abends brachte er etwas zum Essen in das Hotel. Danach spürte ich Stiche in meinem Unterleib, die Betäubung war vorüber. Es schmerzte, der Arzt hatte mir nichts für die Nachbehandlung gegeben. In der Nacht versuchte Beşir, mit mir zu schlafen. Ich sagte ihm, daß ich Schmerzen habe. Er sagte, es störe ihn nicht. Ich weigerte mich und war widerspenstig, schob ihn von mir. Daraufhin schlug er mir seine Faust auf die Nase. Als er noch einmal die Hand hob, schrie ich. Er drückte seine Hand auf meinen Mund, ich kriegte keine Luft und biß in seine Hand. Dann klopfte jemand vom Nachbarzimmer an die Zwischenwand. Beşir wurde still, leise fluchend legte er sich hin, und nach einer Weile schnarchte er schon. Ich drehte mich die halbe Nacht von einer Seite auf die andere, das Nasenbluten hörte auf. Als ich aufwachte, war er schon verschwunden.
Ich dachte in dem Moment, das sei der beste Augenblick zur Flucht. Wieder war die Frage: wohin? Außerdem hatte ich keinen Pfennig Geld. Er ließ mich völlig ohne Geld, um meinen Rückflug zu verhindern. Bei der Abreise hatte ich 600,– DM eingesteckt, er nahm mir alles weg. Hätte ich das vorher geahnt, hätte ich das Geld wer weiß wo versteckt. In diesem Moment fiel mir ein, daß ich auf einem Zettel die Adresse der Mutter von Nazire, meiner lieben Arbeitskollegin, vorsichtshalber mitgenommen hatte. Sie wohnte in Ankara. Als sie zu Besuch bei Nazire in Deutschland war, hatte ich sie ein paarmal gesehen, sie war eine alte Dame und lebte mit Nazires Kindern

zusammen. Aber wie kam ich da hin, nach Ankara waren es acht Stunden Busfahrt. Ich packte meine wenigen Sachen in dieselbe Plastiktüte. Mit tausend Lügen konnte ich vom Hotelbesitzer soviel Geld ausleihen, um nach Ankara zu kommen. Ich sagte, mein Mann würde es ihm zurückzahlen, ich brauchte das Geld für eine kleine Besorgung. Er würde ja bald zurück sein. Ich fuhr mit der Taxe zum Busbahnhof in Istanbul. Hier treffen sich Busse aus allen Richtungen des Landes.

Eine Menschenmenge wie ein Ameisenhaufen füllte das Gebäude. Die Busse kamen oder fuhren ab, Händler schrien eßbare und nicht eßbare Dinge aus. Kinder schrien für Rosenkranz und Kaugummi, die Hitze stieg zu Kopf, ein Gestank breitete sich in den hinteren Ecken des Wartesaales aus, eine Frau wickelte ihr Baby. Ich drehte mich um und blickte in Beşirs Gesicht. Die Knie zitterten mir, alles verschwamm mir vor Augen, es war zwecklos, dort wegzulaufen. Er setzte sich zu mir, sagte nichts. Wir saßen wortlos nebeneinander, bis von draußen der Ruf des Busfahrers in den Wartesaal drang. Artvin, Artvin ... Er faßte mich am Arm, und wir holten sein Gepäck von der Gepäckaufbewahrung. Der Bus war rammelvoll, wir fuhren. Wir fuhren durch Städte und Dörfer, durch einsame und wilde Gegenden, wir überquerten Meere und überflogen Berge, 36 Stunden lang, mit vielen Pausen für hungrige und besonders religiöse Mitreisende. Der Bus war ein deutsches Fabrikat, 36 Stunden lang sah ich auf die Marke an der Tür, Mercedes-Benz 302. Der Kopf drehte sich in dem Geruchsgemisch aus Kölnisch Wasser, Schweiß und Zigarettenqualm. Abends wurde es kälter in dem Bus; weil ich an der Fensterseite saß, fror ich zuerst. Ich kuschelte mich an ihn, benommen lehnte ich meinen Kopf an seine Schultern. Zwischendurch wurde ich entweder durch Hupenlärm und Flüche des Busfahrers oder wegen einer Pause aufgeweckt: „Mola“, schrie der Beifahrer. Konnten wir denn nicht in Gottes Namen etwas länger ohne Pause durchhalten und möglichst schnell das Ziel erreichen? Düstere Gesichter mit Schnurrbärten, halbverschleierte Frauen und vor Dreck unerkennbare Kinder stiegen aus. Es wurde mir übel. Der Magen war ohnehin sehr empfindlich; die lange Busfahrt auf den je östlicher, desto holpriger werdenden Straßen und dann der Gestank im Bus, es war nicht zum Aushalten. Ich mußte brechen. Ich sprang aus dem Bus und lief in eine geeignete Ecke. Beşir rannte hinter mir her und schnappte mich am Kragen, als er aber sah, daß ich nicht versuchte zu fliehen, ließ er mir Wasser kommen, um mich frisch zu machen. Ich glaube, es war noch viel länger als 36 Stunden. Wir kamen in diesem gottverlassenen Örtchen an. Schnell stiegen wir in einen Dolmuş, fuhren hoch in die Berge. Aus den Dolmuşfenstern konnte ich erkennen, daß diese Stadt am Berg aufgebaut war. Die Häuser standen in Schichten oder in Terrassen. Es war ein regnerischer Tag, aber überall schien es ungewöhnlich grün und ordentlich.

Seine Familie empfing ihn. Die Mutter und alle jüngeren Geschwister, Kinder, Kinder der Familie, Kinder der Nachbarn, Kinder von der Straße strömten herbei. Kurz danach zog sich Beşir mit seiner Mutter ins Nebenzimmer zurück. Als was würde er mich seiner Familie vorstellen? Seine Mätresse? Nein, dazu wirkte seine Mutter zu fromm. Als sie aus dem Zimmer kamen, war das Essen angerichtet. Wir aßen, zusammen mit vielleicht dreißig Kindern, auf dem Boden. Danach fuhr Beşir in die Stadt. Ich zog mich in eines der vielen, vielen Zimmer in diesem Haus zurück. Seit langer Zeit war ich wieder allein. Ich dachte an meinen Sohn und weinte lautlos. Hier sprach niemand mit mir, niemand stellte Fragen. Nie wurden meine Fragen beantwortet. Auch bei den gemeinsamen Mahlzeiten mit der ganzen Familie war die Kommunikation unter den Mitgliedern sehr dürftig. Man hatte eine Mauer um mich herum aufgebaut. Ich durfte ohne Beşirs Erlaubnis das Haus nicht verlassen, allein schon gar nicht. Essen, schlafen, Tee trinken, Besuch von allen Nachbarsfrauen empfangen, Kaffeesatz lesen und wieder Tee trinken, abends schlafen gehen, und das war der wichtigste Teil des Tages, in dem ich mein Gift ausspuckte. Jede Nacht kam Beşir, bevor er schlafen ging, in mein Zimmer. Wenn er spät nachts kam, schlief schon außer mir die ganze Sippschaft. Jede Nacht wiederholte sich zwischen uns dasselbe Theater. Ich fragte ihn nur, wie lange noch ich in diesem Gefängnis würde sitzen müssen, er antwortete nie. Im Gegenteil, ihm ging es jede Nacht erneut nur um seine sexuellen Triebe, die er befriedigt haben wollte. Er kotzte mich an.

Eines Morgens saß ich am Fenster und war dabei, Pläne zu schmieden, wie ich aus diesem Haus fliehen könnte. Da erschien Beşir mit ein paar Polizisten an der Tür, und zwischen den düsteren Männergesichtern tauchte das Gesicht von Hakan auf. Ich dachte, es ist eine Halluzination. Schnell sammelte sich eine Menschenmenge vor der Tür. Alle sprachen durcheinander. Die Neugier und das Geschrei der Kinder machte es unmöglich, die Zusammenhänge zu verstehen. Frauen zogen ihre Gewänder um sich und kehrten in ihre Häuser zurück. In den uns gegenüberliegenden Häusern wurden die Vorhänge zugezogen.

Ich begriff lange nicht, was geschah, bis einer der Polizisten Hakan fragte: „Ist sie deine Frau, willst du sie mitnehmen?" Hakan sagte zu mir: „Pack deine Sachen, wir fahren." Die Polizisten standen um uns herum, während ich meine tausend Sachen zusammensuchte. Sie fuhren uns mit dem Jeep zum Busbahnhof und nahmen Beşir mit zum Revier. Hakan und ich, wir beiden Heimatlosen, fuhren mit dem nächsten Bus wieder 36 oder mehr Stunden nach Istanbul. Dieses Mal störten mich aber die fragenden, neugierigen Augen nicht mehr. In einem zwiespältigen Gefühl, auf der einen Seite befreit zu sein, aber auf der anderen Seite, ständig von Beşir verfolgt zu werden, ließ mich die Angst nicht los, daß Beşir mit einem Wagen hinter dem Bus herfahren und ihn jede Minute anhalten und mich und Hakan herausholen könnte. Doch es geschah nichts dergleichen.

In Istanbul mußten wir warten, bis wir einen Rückflug buchen konnten. Wir wollten die Türkei möglichst schnell verlassen. Wir hatten Angst vor Beşirs Unberechenbarkeit. Er konnte überall und jederzeit auftauchen, darum nichts wie weg, sagten

wir. Die zwei Tage bis zur Abreise waren sehr schön in Istanbul. In der ersten Nacht hatten ich und Hakan zum erstenmal seit sehr, sehr langem ein ausführliches Gespräch im Hotelzimmer. Er war sehr lieb zu mir und entschuldigte sich ständig für die Fehler, die er gemacht zu haben glaubte. Und wir fielen einander schluchzend in die Arme. Es wurde nicht darüber gesprochen, was ich verbrochen hatte. Er verzieh mir und fragte nichts weiter. Hakan war manchmal unreif wie ein Kind, und manchmal hatte er die Reife eines erwachsenen weisen Mannes. Oder vielleicht verzieh er mir, weil er wegen seiner kindlichen Naivität alles noch gar nicht kapierte. Aber er war anders als die typischen türkischen Männer, die für mich völlig unverständliche Männlichkeitskomplexe hatten. So war ich mit ihm sehr frei. Darin aber bestand zugleich mein hauptsächliches Problem. Er drückte mich nicht, er befahl nicht, ich hatte keine Ketten. Im Gegenteil, er löste alle meine Ketten. Er sagte mir, ich sei nicht sein Eigentum. Ich kannte aber so etwas nicht. In meinem Bekanntenkreis war jede Frau das Eigentum ihres Mannes, selbst bei dem Pantoffelhelden, meinem Vater. So glaubte ich, er würde mich nicht genug lieben. Ich meinte, alle Frauen brauchten die strenge Aufmerksamkeit ihrer Männer. Ich erzählte ihm all das. Er hatte etwas Erlösendes, etwas Befreiendes, was ich an ihm liebte. Was ich zusätzlich brauchte, war Schutz, innere und äußere Sicherheit, Schutz vor Gefahren, Geborgenheit, ich vermißte einen Mutterschoß.
Ich habe am meisten im Leben die Kinder beneidet, die in einem harmonischen Familienverband lebten. Nicht die reichen oder schönen Menschen.
Ungewöhnlich großmütig und verständnisvoll reagierten auch seine Eltern, als wir zu Hause ankamen. Sein Vater mischte sich überhaupt nicht ein. Seine Mutter nahm mich in ihren Arm, weinte mit mir um mein Schicksal; ich konnte an diesen Frieden nicht glauben.
Einige Tage später begann ich wieder mit der Arbeit. Ich hatte meinen Urlaub nicht in der von mir beantragten Länge beansprucht. Schon am ersten Tag belehrte mich Nazire über den

Klatsch, welcher sich in meiner Abwesenheit hier in der Stadt über mich verbreitet hatte. Beşir hatte alle seine Bekannten über jedes Detail informiert, wie über den gemeinsamen Flug, über die Abtreibung und so fort. Keine der türkischen Frauen in der Firma sprach mehr mit mir. Jede machte einen Bogen um mich. Ich wurde nicht nur gemieden, sondern auch noch schief angesehen, aber man macht sowieso in der Türkenkolonie aus jeder Mücke einen Elefanten. Das, was ich mir erlaubt hatte, paßte in den moralischen Rahmen meiner Landsleute nicht hinein, überhaupt nicht. Ich hatte meinen Ruf als Hure verdient, ich hatte noch größere Strafe verdient. In unserem Dorf hätte man solch eine Frau vor allen Leuten erschossen oder gesteinigt.

Ich hatte aber trotz alldem, was passiert war, keine Schuldgefühle, im Gegenteil, ich fühlte mich betrogen, hintergangen und was alles noch. Ich kann es nicht beschreiben. Ich hatte eine Wut auf Beşir, wenn er in Deutschland gewesen wäre, hätte ich ihn am selben Tag, als ich das alles erfuhr, getötet. Aber statt dessen kam mein Vater nachmittags an meinen Arbeitsplatz, um mich abzuholen. Er sagte, die Stiefmutter sei sehr krank, brauche meine Hilfe. Wir fuhren nach Hause. Wer saß anstelle der Stiefmutter im Wohnzimmer? Beşir natürlich. Mich packte die Angst wieder. Er war also unmittelbar nach uns zurückgeflogen, als erstes hatte er dann meinen Vater aufgesucht und ihm alles erzählt. Die beiden hatten alles hin- und herüberlegt, die endgültige Lösung hatten sie sich folgendermaßen ausgedacht: Ich könne so und so nicht mehr mit meinem Mann zusammenleben, früher oder später würden Hakan und seine Familie mich, nach dem, was alles passiert war, auf die Straße setzen, ausstoßen. Das Beste wäre, wenn ich meine Sachen packte und zu Vater ins Haus zöge. Die Scheidung von meinem Mann würden sie schon schnell über die Bühne bringen, Beşir brauchte nur seinen Anwalt in Istanbul anzurufen. Ich sollte vernünftig sein, ich hätte für alle mehr als genug angerichtet und so weiter. Ich fluchte, schimpfte mit ihm, mit den schlimmsten Beleidigungen, er ließ dies alles über sich ergehen. Ich fragte meinen Vater, wie er sich das vorstelle. Da mischte sich Beşir ein und meinte, um diesen Schandfleck zu bereinigen, würde er selbstverständlich mich zu seiner Frau machen. Ich sprang auf ihn los, schlug ihn, zerkratzte sein Gesicht, bespuckte und trat ihn. Ich muß völlig von Sinnen gewesen sein. Da packten die beiden mich an den Haaren und schlugen mich zusammen. Ich wurde ohnmächtig. Lange Stunden später, als ich wieder zu mir kam, waren sie verschwunden. Ich schleppte mich bis zur nächsten Tankstelle an der Ecke, rief von dort zu Hause an, mein Schwiegervater holte mich dann etwas später ab. Vor Schmerzen konnte ich mich kaum bewegen. In meinem Schmerz und meiner Wut beschloß ich, mich zu rächen. Das wäre die einzige Lösung, nur so konnte meiner Überzeugung nach der Schandfleck ein für allemal bereinigt werden. Ja, rächen wollte ich mich, ihn erschießen. Oder mit 40 Messerstichen töten. Denn 40 ist eine heilige Zahl in unserem Glauben. Um eine unreine Stelle zu bereinigen, muß man sie 40mal waschen. Um eine Kranke zu heilen, muß man 40mal ein bestimmtes Gebet rezitieren, um einen Unerwünschten zu beseitigen, kann man 40mal ...Ich weiß es nicht. Ich erinnere mich gerade daran, daß unsere Lehrer in der Türkei, um uns zu bestrafen, eine Aufgabe 40mal schreiben ließen. Diese Zahl muß eine außerordentliche Wirkung haben. Töten, beseitigen, vernichten! Beşir muß verschwinden, ich werde ihn sonst mein Leben lang am Hals haben. So dachte ich. Und nichts weiter. Ich hatte keine Angst vor den Folgen. Ich kriegte Wutanfälle, wenn ich an die Szene zu Hause bei meinem Vater dachte. Er wollte mich also zu seiner Frau machen. Was würde denn dann mit seiner Frau passieren? Einfach abschütteln und abschieben in die Türkei, am besten mitsamt seinen Kindern? Sie könnte sich nicht dagegen wehren. Töten, erschießen, beseitigen müßte man ihn. Blitzartig zwischen diesem Gedanken fiel mir ein, daß er mir in Istanbul im Hotel seinen Revolver anvertraut hatte, auch im Hause seiner Mutter hatte ich das Ding, zwischen meiner Wäsche eingewickelt, bewahrt. Ich hatte ihn überall in einer Plastiktüte herumgeschleppt. Als in Artvin die

Polizisten an der Haustür seiner Mutter erschienen, fragte mich Beşir, wo das Spielzeug geblieben sei, ich solle das Spielzeug in seinem Zimmer zurücklassen. Damit meinte er seinen Revolver. Ich sagte ihm okay, hatte es aber nicht getan. Später fragte Hakan mich, was für ein Spielzeug das sei. Ich hatte in Anwesenheit der Polizisten ihm nicht geantwortet, erklärte ihm später dann, daß es ihm gehörte. Er meinte, wir sollten ihm das Ding am besten zurückgeben, auf jeden Fall nicht im Hause bewahren. Wir könnten wegen unerlaubten Waffenbesitzes von ihm angezeigt werden.

Als ich mich entschloß, ihn zu töten, jubelte ich vor Triumph, auch die Waffe dazu zu besitzen. Er würde mich früher oder später wieder aufsuchen. Jetzt nur noch kühl bleiben und abwarten, dachte ich. Am besten wäre, ihn in eine ruhige Ecke zu locken und noch besser wäre, mit ihm in das Waldstück zu fahren, an den Ort, wo er mich und mein Leben vernichtet hatte, Jahr für Jahr, ihn dort zu beseitigen und seine Leiche liegenzulassen. Für die Geier liegenlassen, dachte ich. Ich trug von diesem Tag an den Revolver überall in meiner Handtasche. Schon wenige Tage später, ich war von der Arbeit gerade nach Hause gekommen, klingelte es an der Tür, ich war mit dem Baby zu Hause allein. Ein kleiner Junge überbrachte mir die Nachricht, mein Vater würde in der Stadt in einer Gaststätte warten, er hätte mir etwas Wichtiges zu sagen. Ich nahm eine Taxe. Der Junge war mit dem Fahrrad gekommen. Während der Taxifahrt ahnte ich Böses. Auf jeden Fall war das eine sicher, daß Beşir in dieser Einladung seine Finger drin hatte.

Als ich die Treppe der Gaststätte hochstieg, packte mich die unheimliche Angst wieder. Meine Knie gaben nach, mich verließ die Kraft weiterzugehen. Ich lehnte mich an die Wand, blieb ganz ruhig, ich redete mir zu: „Jetzt nicht schwach werden, nicht aufgeben, denk daran, wie er dich Jahr für Jahr seit deiner Kindheit ruiniert hat. Jetzt Mut fassen." Und mit einemmal befand ich mich in dem Lokal. Der Musikautomat war laut eingestellt, der Raum voller Qualm und Gestank. An der Bar stand ein düsterer Mann. Ich fragte ihn nach meinem Vater, er zuckte mit den Achseln und zeigte mir den Elendshaufen von Türken, die an einem großen Tisch saßen und Tavla spielten. Als sie mich bemerkten, standen sie nacheinander auf und kamen auf mich zu. Mit langsamen Schritten, schmierigem Grinsen, bildeten sie einen Kreis um mich. Der Kreis wurde enger und enger. Sie grinsten, einige kauten Kaugummi, andere hatten brennende Zigaretten im Mund. Die türkische Schnulze aus dem Musikautomaten war abgestellt. Es herrschte Stille. Ich schrie sie an: „Was wollt ihr von mir? Wo ist mein Vater?" Sie grinsten. Es kam keine Antwort, man hörte nur das Geräusch von sich uns nähernden Schritten und das Klappern eines Rosenkranzes. Das war Beşirs Rosenkranz. Ich konnte sein Gesicht noch nicht erkennen, das Lokal war nicht gut beleuchtet. Als er sich mir bis auf etwa zehn Meter genähert hatte, blieb er stehen und befahl den anderen mit einer Handbewegung, sich nun zu setzen. Seine Diener, seine Komplizen, seine bestellten Hunde setzten sich brav nacheinander. Wir standen uns Auge in Auge gegenüber. Er zündete sich eine Zigarette an und lächelte. Voller Zorn fragte ich, was er von mir wolle; er sagte, von nun an wäre mein Platz an seiner Seite. Er hätte mich hierher bestellt, um mich mitzunehmen. Natürlich mit der Zustimmung meines Vaters. Ich weiß nicht mehr, ich kann mich nicht mehr daran erinnern, was er weiter sagte und was ich sonst gesagt und getan habe. Ich weiß nur, daß ich den Revolver zog und ein paarmal auf ihn schoß, hintereinander. Die ersten Schüsse verfehlten ihn, die letzten drei erwischten ihn am Bauch. Er fiel zu Boden, rief seine Hunde, die schon an ihm herumhantierten. Zwei von ihnen stürzten sich auf mich und schlugen mich. Der Wirt riß mich aus ihren Händen und rief die Polizei an. Ich hatte nicht daran gedacht wegzurennen. Ich war nach meiner Tat eiskalt, hatte keine Spur von Angst, ich war erlöst. Die einzige Frage war, ob ich ihn tödlich getroffen hatte. Er lag immer noch auf dem Boden, als die Polizei und der Ambulanzwagen kamen. Zuerst schafften sie ihn weg. Ich wurde festgenommen. Die weiteren Mafiamitglieder mußten als Augenzeugen ebenfalls mit.

Inzwischen bin ich seit acht Wochen in Untersuchungshaft. Ich habe erfahren, daß Beşir sehr schnell wieder auf die Beine kam. Aber gegen ihn läuft ein Ausweisungsverfahren wegen anderer Delikte. Mit großer Wahrscheinlichkeit wegen Drogenschmuggels. Ich weiß nun nichts mehr, ich habe nichts verschwiegen, ich schwöre für die Richtigkeit meiner Aussage. Ich habe gelitten, ich habe alle Möglichkeiten eines Auswegs ausprobiert, niemand war bereit, mich aus diesem Schlamm herauszuholen.
Ich appelliere an das Gerechtigkeitsverständnis des Gerichts. Ich appelliere an alle diejenigen, die hier sitzen. Ich appelliere an Gott und an die Menschheit: Wenn es die Gerechtigkeit auf Erden gibt, laßt mich frei! Ich bin nicht schuldig. Laßt mich frei, ich will zu meinem Sohn, ich will zu meinem Mann. Ich will menschlich leben auf dieser Erde, die uns allen gehört. Ich bin nicht schuldig, laßt mich frei. Gott höre mich, sieh mein Elend, laß Du mich wenigstens nicht im Stich, rette mich!
Die Vernehmung wird an dieser Stelle abgebrochen. Eine weitere Vernehmung ist der Angeklagten aufgrund ihres psychischen Zustandes nicht mehr zuzumuten.

Zeynep Z.

Seit Tagen gießt es draußen unaufhörlich. Es ist trüb in meiner Seele. Ich habe schlecht geschlafen. Nach dem Spätkrimi gestern nacht bin ich erschöpft ins Bett gekrochen. Ich hatte eine Zigarette nach der anderen geraucht, dazu getrunken. Der Film hat mich völlig aufgewühlt. Eine Zeitlang lag ich bleischwer im Bett, und dann zitterte ich am ganzen Körper, es war mir kalt, meine Füße waren eingeschlafen. Als ich Platzangst bekam und mich aufzurichten versuchte, drehte sich mir der Kopf und der Magen. Ich fiel zurück ins Bett. Meine Blicke blieben an dem Blumenmuster der Wandtapete haften, die Decke wuchs über mir, ein Hexentanz begann. Nachdem ich mich lange unruhig im Bett hin- und hergewälzt hatte, mußte ich schließlich etwas einnehmen, um schlafen zu können. Irgendwann in der Nacht muß ich erbrochen haben. Der Schlaf war voller Alpträume. Seit langem habe ich so schlimme Alpträume nicht mehr gehabt.
Zu der Zeit, als ich mich von zu Hause löste, träumte ich oft von meinem Vater. Er jagte und verfolgte mich in den staubigen Gassen unseres Dorfes, bis er mich irgendwann auf dem Marktplatz unter der Menschenmenge verlor. Dann stand ich zitternd an irgendeiner Straßenecke und wartete, bis es dunkel wurde, um nach Hause zu gehen. Wer weiß, wie oft sich dieser Traum wiederholte. Schweißgebadet wachte ich jedes Mal wieder auf, ich weinte und konnte mich lange nicht beruhigen. Ich habe viele Nächte in unendlicher Verzweiflung und Schmerz den Morgen erwartet, der Morgen und das Licht sollten mir den Schmerz nehmen und meine Freiheit bringen. Meine langersehnte Freiheit sollte eines Morgens wie ein langersehnter würdiger Gast willkommen sein.
Gäste sind immer willkommen bei uns. Gäste sind heilig, sie

bringen Segen ins Haus, so glauben wir jedenfalls. Je ärmer unsere Familien sind, desto gastfreundlicher sind sie, ja, wir lieben die Gäste. Was haben die Menschen denn außer der menschlichen Nähe sonst noch vom Leben in der Hitze, Trokkenheit und Armut dort?
Unser Dorf liegt in der Nähe von Kulu, einer kahlen, trostlosen zentralanatolischen Stadt. Kahl deswegen, weil hunderte von Kilometern auf der Hochebene von Kulu kein Baum, kein Strauch, kein einziges Lebewesen zu finden ist. Der Boden ist öde, monatelang fällt kein Tropfen Regen in die Erde, die Vegetation vertrocknet schon im Mai–Juni, das Vieh verdurstet oft in dieser endlosen Wüste. Die Menschen überleben ... aber wie?
Meine Erinnerungen an jenes Dorf stammen aus meiner Kindheit und aus unseren Urlaubsreisen in die Heimat. Es ist wie ein halbfertiges Puzzlespiel. Ich habe kein vollständiges Bild davon. Manchmal strenge ich mich an, die Lücken des Puzzles mit den Erzählungen meiner Eltern über die Heimat zu füllen, doch es gelingt mir nicht. Es gleicht einem aus Bruchstücken zusammengeklebten Wasserkrug, der zu zerbröckeln droht. Heimat, was ist noch von dir in uns übriggeblieben, sind wir noch die Deinen, und bist du noch die unsere?

Heimat, Heimat,
es blieb auf mir
  nicht einmal eine Mütze deiner Arbeit,
an meinen Schuhen
  nichts mehr von deiner fruchtbaren Erde.
Deine letzte Jacke
  aus dem Tuch, das in Şile du webtest,
  trug mein Rücken schon lange ab.
Du bleibst jetzt bei mir
  nur noch in den Runzeln der Stirn,
  in der frischen Schramme des Herzens,
  ja, und im Grau meines Haares.
  Heimat,
  Heimat ...*

* Nazim Hikmet. Noch einmal von der Heimat. Elefanten Press Berlin 1982.

Ich bin mit fünf Jahren nach Deutschland gekommen. Zwei meiner älteren Brüder waren schon vorher hier, die anderen, der Rest meiner Geschwister, sind in dem Dorf Kirkyilan geblieben. Sie waren nie in Deutschland. Sie sind bei den Großeltern großgeworden, mußten sich nie vor türkenfeindlichen Blicken schützen lernen. Meine beiden Schwestern wurden noch im Kindesalter verheiratet. So schenkten sie unserer Sippe ein Dutzend Kinder. Sie sind wohlbehütete Töchter, treue Ehefrauen, gute Mütter, tüchtige Arbeitstiere. Meine Brüder gründeten ebenfalls ihre eigenen Familien, wurden gebunden, noch bevor sie in das Militärdienstalter kamen. Auch sie sorgten fleißig dafür, nacheinander Stammhalter zu erzeugen. Ich dagegen habe von all dem nichts aufzuweisen, habe weder meine eigene Familie gründen können noch habe ich irgend etwas vollbracht, worauf meine Sippe, mein Volk und meine Eltern stolz sein könnten. Ich scheiterte schon am Anfang jeden Versuches von Familie, Schule, Ausbildung, Beruf, Liebe. Ich lebe ohne Fixpunkt. Ohne jegliche Orientierung stehe ich zwischen der Heimat meiner Eltern und der Fremde. Ich habe keine Heimat. Ich bin nicht einmal in der Lage, ein sauberes Türkisch zu sprechen. Meine Geschwister in der Türkei verstehen meine Sprache nicht, mein Benehmen nicht, ich bin für sie ein Fremdling.
Ich bin hier in einen Kindergarten gegangen, welcher von katholischen Ordensschwestern geleitet wurde. Ich lernte das Vaterunser, Kreuzschlagen und Weihnachtslieder, noch bevor ich Deutsch sprechen lernte. Meine Eltern arbeiten schwer. Nie hatten sie Zeit, einmal an diesen Ort zu kommen, wo ich meine Tage verbrachte, wo mir von morgens bis abends der Kopf und die Seele geformt wurden. Meine Eltern arbeiteten, damit wir eine bessere Zukunft haben. Und was ist aus uns geworden?
Die Menschen aus der Gegend von Kulu gelten als besonders fromme Menschen, doch meinen Eltern war damals jedes Mittel recht, mich, während sie arbeiteten, loszuwerden. Abgesehen davon, sie haben ja nie erfahren, was in diesem katholischen Kindergarten mit mir geschah. Wenn's damals um meine

Erziehung ging, rechtfertigten sie sich mit: „Ich nix Deutsch verstehn." Wie dem auch sei, ich wurde danach in eine Schule eingeschult, wo überwiegend katholische Kinder in meiner Klasse waren. Auch am katholischen Religionsunterricht mußte ich teilnehmen, weil in der Nähe kein türkischer muttersprachlicher Unterricht geboten wurde. Natürlich hätte ich nachmittags mich an einige türkische Kinder anschließen können und mit dem Bus zur nächstgelegenen Schule fahren, um dort einige Nachmittage in der Woche Türkisch zu lernen. Diesmal ging es aber wegen der Koranschule nicht. Mein Vater meinte, mir durch die Koranschule eine besonders gute Erziehung geben zu können. So zog ich nachmittags, wenn ich aus der Schule kam, meinen Turnanzug aus und schlüpfte in die langen Kleider und Kopftücher und vermummte mich und ging mit den Scharen anderer Kinder in die Koranschule. Vorher mußten wir uns natürlich tüchtig waschen und uns dabei genau an die Reinigungsvorschriften unserer Religion halten. Wir hatten es ja oft genug durchgekaut und vom Hodscha persönlich demonstriert bekommen. Denn er sagte: „Wer unrein das Heilige Buch Koran anfaßt, dem wird die Hand gebrannt." Natürlich im Jenseits.

Der Hodscha war mir eigentlich gar nicht so unsympathisch, muß ich ehrlicherweise sagen. Denn er verkörperte für mich eine würdige Autoritätsperson, die mich an einen Mönch in unserem Dorf Kirkyilan erinnerte. Dieser Mönch hatte in unserem Dorf eine unverzichtbare Stellung. Eine würdige Person. Sowohl in seinen Predigten in der Moschee als auch sonst in der Freizeit war er eine große Lebenshilfe für die Menschen in unserem Dorf, er gab ihnen in vielerlei Hinsicht Ratschläge, praktische Hilfen. Er war eine stumme Gestalt mit Engelsgeduld. Es gab Tage, an denen man ihn überhaupt nicht sah. In diesen Tagen – sagte man – zog er sich zurück, um zu meditieren. Dann sahen wir ihn wieder in seinem langen weißen Gewand mit seinem Rosenkranz und seinem bis zum Bauch reichenden weißen Bart von Haus zu Haus Leute besuchen. Er besuchte Kranke, Sterbende, Arme und Einsame. Er tröstete sie und betete für sie. Er war überall willkommen. Von allen Frauen und Männern und Kindern wurde er als Pîr bezeichnet, jemand, der nur noch für's Jenseits lebte und das Gotteslicht empfangen hatte. Er war nie verheiratet, sagte man. Man wußte nicht, woher er kam. Man vermutete, daß er bei seiner Wanderschaft durch dieses Gebiet an unserem Dorf Kirkyilan hängengeblieben war. Unser Dorf hatte ihn aufgenommen. Man hatte ihm eine Unterkunft aus Lehm und Stein improvisiert, gleich neben der Moschee. Durch ihn hatten wir auch das Phänomen „Regengebet“ kennengelernt.

Unsere Gegend verödet in den Sommermonaten bei durchschnittlich 40 Grad Hitze im Schatten. Menschen ziehen sich in ihre glühenden Lehmhäuser zurück, kein Lebewesen außer den Ameisen und Eidechsen traut sich auf die Straße. Die Erde brennt, das Getreide auf den Feldern vertrocknet, das Vieh verdurstet. In der trockenen Erde bilden sich über hunderte von Metern dicke Erdrisse, so daß eine ganze Schafherde in diesen Gräben umkommen kann. Zur Mittagszeit, wenn die Sonne senkrecht über der Erde steht, sieht Kirkyilan aus wie eine Fata Morgana in einer Mondlandschaft.

Kirkyilan bedeutet vierzig Schlangen. Im Monat August erreichen die Ängste und die Hoffnungslosigkeit im Dorfe Kirkyilan ihren Höhepunkt. In diesem Monat wagen die Menschen sich nicht auf die Straße aus Angst vor einer Belagerung durch die Schlangen. Der Mythos der Schlangen, die unser Dorf jeden Sommer in den heißesten Augusttagen belagern, trieb die Menschen zur Verzweiflung. In dieser Verzweiflung warteten die Menschen darauf, daß die verdurstete Schlangenkönigin eines Mittags aus den Erdrissen ihr gekröntes Haupt hebt, als Angriffszeichen für die anderen Schlangen, die in ihren Verstecken darauf lauerten, um aus ihren Löchern herauszukommen und die Menschen und das Vieh anzugreifen. Dieser Mythos wurde in hundertfacher Variation von Mund zu Mund weitererzählt. Deswegen wurden in den Häusern alle Öffnungen, Türen- und Fensterspalte abgedichtet. Denn unter jedem Stein, in jedem Trinkkübel könnte eine Schlange versteckt sein. In den Abendstunden gingen die Menschen etwas erleichtert – weil man dachte, wenn es nicht mehr so höllisch heiß ist, sind die Schlangen nicht mehr so aggressiv –, aber dennoch mit Stöcken und Steinen bewaffnet an den Brunnen, um Wasser zu holen oder das Allernötigste zu erledigen. Wenn das Vieh gemolken werden mußte, gingen wir zu mehreren in den Stall, so daß, wenn einer von uns angegriffen wurde, die anderen ihn verteidigen konnten. Steine, Stöcke und die Amulette, die an unseren Hälsen und Schultern vielfach angeheftet, waren unsere einzigen Waffen.

So warteten wir in Kirkyilan, bis der August vorüber war. Aber die Schlangen kamen nicht.

An solch einem Augusttag hatte unser Pîr die Leute aus ihren Lehmhäusern herausgetrommelt und sie versammelt, um ihnen Mut zu machen, daß sie an der Macht Gottes nicht zweifeln, sondern diese Trockenheit als eine Prüfung sehen sollten. Er ist dann mit ihnen zum Friedhof gezogen und hat dort eine Freitagsmesse abgehalten, zwischen den Grabsteinen haben die Bauern gemeinsam zu Gott um Regen gebetet. Nachdem die Leute während des Gebetes aus Hoffnungslosigkeit in Ekstase geraten waren, fing es an zu regnen. Ja, so war es tatsächlich. Und seit jenem Tage wird die Zeremonie des Regengebetes an den heißesten Tagen des Jahres vollzogen. Durch die Jahre entwickelte sich die Zeremonie zu einem Kult. Das Ereignis hatte sich natürlich sehr schnell in den Nachbardörfern herumgesprochen, denn es war in der Tat ein Wunder.

An ein oder zwei Regengebete kann ich mich dunkel erinnern. Als Symbol für den gewünschten Regen kochten Frauen kesselweise Weizengrütze, Pilav, die Töpfe wurden dann auf den Friedhof getragen. Es war wie ein Picknick, an dem viele, viele Menschen teilnahmen. Seit langem hatten auch die Nachbardörfer Teil an dem Kult, die Friedhöfe wurden gemeinsam besucht, und zwar abwechselnd. Mal kamen alle Bewohner der Nachbardörfer zu unserem Friedhof, das andere Mal zogen die Bewohner der Dörfer in ein anderes Dorf, so daß alle reihum einmal drankamen. Unter glühender Sonne beteten die Men-

schen unter der Leitung unseres Pîr, sie baten Gott um Regen, sie küßten die Erde und die Grabsteine und baten die Toten um ihren Segen. Nach dem Gebet standen wir Schlange, um dem Pîr seinen Bart zu küssen, wobei sich die Mädchen und Frauen mit seinem Rockzipfel begnügen mußten. Danach wurde das mitgebrachte Essen ausgebreitet, in Grüppchen saßen wir um die riesigen kupfernen Pilavkessel und aßen Zwiebeln dazu. Es gab ja sonst nichts. Und ich muß sagen, uns Kindern machte das einen Heidenspaß, und der Pilav, der auch sonst unsere tägliche Nahrung war, schmeckte doch an jenen Tagen irgendwie anders. Nach dem Essen beteten wir noch einmal gemeinsam und zogen dann in unsere Dörfer zurück.
Regnete es an den darauffolgenden Tagen, waren wir glücklich. Regnete es nicht, dann sagte der Pîr, wir haben nicht genug gebetet und haben Gott nicht genügend um Vergebung unserer Sünden gebeten. Wenn es tatsächlich regnete, vielleicht aus Zufall, wurde unser Dorf ein Pilgerort, dann kamen die Menschen aus den umliegenden Ortschaften in Scharen, überbrachten dem Pîr Geschenke, baten ihn, für sie zu beten. Wir waren stolz auf unseren Heiligen. Wir alle vertrauten ihm, kein einziger Mensch zweifelte an seiner religiösen Weisheit, keiner kam auf den Gedanken, er könne vielleicht doch ein Schwindler sein.
Jahre waren vergangen; mein Leben spielte sich nun ab zwischen der Koranschule, meinem frommen Elternhaus und der deutschen Schule – mit meinen Klassenkameraden, meinen Freunden und meiner Lehrerin – zu der ich mich immer mehr hingezogen fühlte. Ich war eine mittelmäßige Schülerin. Ich hätte mich auch bemühen können wie ich wollte, in eine weiterführende Schule wäre ich aufgrund meines türkischen Elternhauses nie gekommen. So blieb ich in der Hauptschule. Anfangs schien meine starke Angepaßtheit an die deutsche Sprache und deutsche Verhaltensweisen meine Eltern nicht besonders zu stören. In der Grundschule war es überhaupt noch kein Problem, mich an allen schulischen Freizeitangeboten teilnehmen zu lassen. Ich glaube, es fing in der 6. Klasse an, als meine

Eltern mich immer stärker von solchen Maßnahmen fernhielten. Plötzlich durfte ich keine Schulausflüge mehr mitmachen, Reisen wie Schullandheimaufenthalte, die meine Abwesenheit von zu Hause für einige Tage und Nächte forderten, wurden überhaupt nicht mehr zugelassen. Außerdem mußte ich an den Tagen des Turnunterrichts die Schule regelrecht schwänzen. Einmal in der Woche fuhren wir sonst mit der Klasse schwimmen, auch das durfte ich nicht mehr mitmachen. Es wurden nunmehr meine Brüder in die Erziehungsverantwortung mir gegenüber eingespannt. Sie bewachten meine Freizeit, meine Freundschaften, es ging soweit, daß ich selbst, wenn ich zu einer Geburtstagsfeier eingeladen war, von meinen Brüdern begleitet wurde. Waren Jungs unter den Gästen, so mußte ich mich bei meinen Freundinnen entschuldigen und nach Hause gehen. Der auf mich immer drastischer wirkende Druck zwang mich auf der anderen Seite, mich mit immer geschickteren Tricks von der Familie zu entfernen. Ich schwänzte die Koranschule, erfand immer bessere Vorwände, mich mit meinen Freundinnen zu treffen, um allen möglichen Blödsinn zu treiben. In der 8. Klasse begann ich aus Protest gegen meine Eltern heimlich zu rauchen. Wenn wir uns trafen, waren immer auch ein paar Jungs dabei, wobei sich irgendwann Paare bildeten, die sich fast regelmäßig nach der Schule trafen, um Musik zu hören, zu erzählen, um halt zusammen zu sein. Mir lag nicht sehr viel an den Jungen, aber um mitzumachen, um nicht aus der Reihe zu tanzen, hatte ich auch einen Jungen, oder besser gesagt, hatte ich nicht abgewehrt, als ein Junge sich für mich interessierte. Ja, was tat man so zusammen. Man knutschte sich ab und trieb wirklich Blödsinn. Einer von uns hatte immer irgendeine gute Idee, die von uns allen dann sofort akzeptiert wurde, wie wir Mädchen und Jungen uns zum Beispiel an einem Nachmittag vor dem Spiegel wie Clowns bemalten und so durch die Straßen und Geschäfte bummelten. Irgendwann in der 9. Klasse hatten wir vereinbart, bei unseren Treffen als Gleichberechtigungs- und Befreiungssymbol unseren Oberkörper freizumachen, und keiner dürfe den anderen dann berühren. Das haben wir jedoch nicht lange ausgehalten. Der körperliche Kontakt zueinander war irgendwie sehr wichtig. Auch etwa zu Ende der 9. Klasse begannen wir, leicht alkoholische Sachen zu trinken. Wir sammelten für eine 2½ Liter-Flasche Lambrusco-Wein und mischten ihn mit Mineralwasser, um nicht zu schnell high zu werden. Anfangs war es lustig, mich zog es auch immer wieder hin. Als sich dasselbe aber ständig wiederholte und nichts Neues mehr kam, wurde es für mich schnell langweilig. Außerdem hatte ich jedesmal eine höllische Angst, daß meine Familie mich dabei erwischen würde. Irgendwie hat die Familie von meinen Knutschflecken, von dem Alkohol- und Zigarettengeruch nichts gemerkt. Auch nicht von meinen heimlichen Treffen, bis eigentlich alles aufgehört hatte. Nach den Osterferien des letzten Schuljahres hatte sich unsere Gruppe endgültig aufgelöst. Einige Jungs und Mädchen trieben sich in den Discos herum, was für mich sowieso nicht infrage kam, andere waren intensiv auf Lehrstellensuche usw. In den letzten Wochen des Schuljahres bröckelte unsere Klasse dann ziemlich auseinander.

Als ich eines Tages mit vollgepackten Einkaufstüten nach Hause kam, sah ich ein paar von unserer Gruppe vor Bertolonis Eisladen und blieb stehen. Wir quatschten vom Wetter und so, ich weiß nicht mehr, wie mir geschah, jemand zog mich von hinten an meinen Haaren, ich stolperte rückwärts und fiel hin. Noch immer dachte ich, einer von unseren Leuten erlaube sich einen Spaß. Als ich den Fußtritt bekam, wurde es mir klar, daß es kein Spielchen war. Es war mein Bruder, der mich im Vorbeifahren zufällig gesehen hatte. Ich hatte nichts getan, als mit den Jungs im Stehen ein paar Worte zu wechseln. Das war für meinen Bruder mehr als eine Schande. Ein türkischer Passant half meinem Bruder, mich ins Auto zu packen, dabei fluchte er flüsternd von Skandal und Schande. Der Spinat, Äpfel und Tomaten, die aus den Einkaufstüten auf die Straße gerollt waren, wurden aufgesammelt und ins Auto geworfen, und wir fuhren los. Auf der Fahrt war ich mucksmäuschenstill, mein Bruder verfluchte mich, er war vor Wut außer Atem. Ich hatte Angst

vor dem Theater, das mich zu Hause erwartete – zu recht, denn ich wurde von meinen beiden Brüdern brutal mit einem Lederriemen geschlagen. Mein Vater verhörte mich währenddessen, und ich habe vor Schmerzen nur laut geschrien, dadurch konnte ich seine Fragen kaum verstehen. Nur eine der vielen Fragen blieb in meinem Gedächtnis haften: „Bist Du noch Jungfrau?"
Ja, ich war zu der Zeit noch unberührt. Nach dieser Folter bin ich entweder bewußtlos geworden, oder sie haben durch die Bitten meiner Mutter aufgehört zu schlagen. Ich habe danach lange, sehr lange gebraucht, um mich seelisch und körperlich wieder aufzuraffen. Nach der Tortur bin ich nicht mehr zur Schule gegangen, es waren ja nur noch zwei Wochen bis zu den Zeugnissen. Ich war krankgemeldet.
Ich hatte ein halbwegs gutes Abschlußzeugnis bekommen, womit ich mich bei einem Lehrherrn durchaus hätte zeigen können. Die Ferien begannen, ich blieb zu Hause. Die drei Männer meiner Familie wußten genau, daß ich mich nach solch einer Lektion nicht mehr aus dem Hause wagen würde, außerdem hatte ich ausdrücklich Hausarrest bekommen. Aber noch hatte ich die Hoffnung nicht aufgegeben.
Auf der einen Seite die Verzweiflung, auf der anderen Seite der Drang, trotz der verheerenden, kummervoll ungünstigen Voraussetzungen noch aus meinem jungen Leben etwas zu machen, zwangen mich, bei jeder Gelegenheit mit meiner Mutter ein Gespräch zu suchen. In diesen Gesprächen versuchte ich, meine Mutter, die mir am nächsten stand und eigentlich unterstützungsbereit war, für den Gedanken einer Lehre zu gewinnen. Ihr ging es in diesen Gesprächen hauptsächlich aber darum, im Auftrag meines Vaters herauszubekommen, ob ich noch unberührt war oder nicht. Wenn ein Unfall passiert war, so drückte sie sich aus, dann sollten wir schleunigst zu dem türkischen Arzt gehen und die Stelle flicken lassen. Das hatte sich unter Türken herumgesprochen, daß ein Frauenarzt die jungen türkischen Mädchen, die nicht mehr Jungfrau waren, operierte, also ihre Jungfernhaut flickte, damit die Eltern des Mäd-

chens sie als Jungfrau verkaufen konnten. Die Operation dauerte sechs Minuten und kostete zweieinhalb Tausend Mark. Irgendwann hatte ich meine Mutter davon überzeugt, daß ich noch unberührt war. Danach wurde nie mehr davon gesprochen.
Im ersten halben Jahr in der 9. Klasse hatte unsere Sozialkundelehrerin mit uns drei Wochen lang ein Betriebspraktikum gemacht. Ich hatte eine Praktikumsstelle in der Kosmetikabteilung des Kaufhof bekommen. Während dieser drei Wochen hatte ich die Möglichkeit, meinem Wunschberuf näher zu kommen. Schon in der ersten Woche des Praktikums hatte sich meine Vorstellung und mein Ziel dahingehend gefestigt, daß ich mir sagte, ich muß alle Hebel in Bewegung setzen, um in dieser Branche eine Lehrstelle zu kriegen. Im zweiten Halbjahr hatte ich mich mit Hilfe unserer Lehrerin bei demselben Geschäft um einen Ausbildungsplatz beworben und wartete die ganze Zeit auf eine Antwort. Ich hatte zu Hause hin und wieder, allerdings zu dem Zeitpunkt des Waffenstillstandes vor der ersten schweren Krise mit meinen Eltern, mein Anliegen so unter ferner liefen geäußert, fand aber kein Gehör dafür; von meiner Bewerbung wußte noch niemand in der Familie. Ich dachte mir, wenn die Zusage der Firma kommt, dann würde ich es schon schaffen, sie zu überzeugen, irgendwie mußte es klappen. Zwei Wochen nach dem Schulabschluß kam dann ein Brief, in dem die Firma bedauerte, mir keine positive Zusage geben zu können, sie hätten sich für jemand anders entschieden. Wie sich kurze Zeit später herausstellte, kriegte die Stelle eine Deutsche. Zufällig hatte mich meine Klassenlehrerin über die Bestimmungen des Arbeitsförderungsgesetzes in § 19 aufgeklärt, nach denen bei jeder Arbeits- und Ausbildungsstelle erst ein Deutscher und danach die Leute aus den EG-Ländern den Türken gegenüber bevorzugt werden müßten. Wenn keine solchen Leute auf der Bewerberliste wären, dann könne die Stelle an einen Türken vergeben werden. Unsere Klassenlehrerin war eine kluge, nette Frau, sie war geschieden, und sie war sehr engagiert für Ausländerprobleme, lernte sogar in ihrer

Freizeit etwas Türkisch. So war zwischen uns so etwas wie Freundschaft, auf jeden Fall mehr als ein Lehrer-Schüler-Verhältnis entstanden. Sie hatte mich auf das Problem aufmerksam gemacht, daß der Beruf der Kosmetikverkäuferin unter den Schülerinnen sehr begehrt sei. Trotz meines guten Aussehens könnte es sein, daß ich nicht angenommen werden würde.
Nun saß ich da. Ich war fest davon ausgegangen, die Stelle bekommen zu können, so hatte ich mich nicht weiter beworben. Blitzartig fiel mir das Angebot unserer Klassenlehrerin ein, die gesagt hatte, ich solle mich unbedingt bei ihr melden, wenn ich ihre Hilfe brauchte. So rief ich sie von einer Telefonzelle aus an, als ich mit meiner Mutter vom Arzt nach Hause kam. Meine Mutter stand neben mir in der Zelle, um das Gespräch mitzukriegen, und so viel Deutsch verstand sie schon, um sich zu überzeugen, daß ich sie nicht belog. Mutter sicherte mir unterwegs zu, unseren drei Männern gegenüber zu schweigen, denn wir beide saßen von nun an im selben Boot.
Ich machte einen Termin mit unserer Lehrerin aus. Meine Mutter sollte mich zu ihr begleiten, mich bei ihr abliefern, zwischendurch meine Schwägerin besuchen und auf dem Rückweg mich abholen. Es klappte auch so, wie wir planten. Es war ein unbeschreiblich schöner Nachmittag. Ich fühlte irgendwie, daß dieser Besuch bei Frau Zander eine Wende für mich sein würde. Die Gespräche über meine Zukunftsvorstellungen und gute Vorschläge meiner ehemaligen Lehrerin schienen plötzlich nebensächlich, vielmehr beeindruckte mich die Anwesenheit Werners, des Sohnes meiner Lehrerin. Während unserer Unterhaltung, die über sachliche Inhalte ging, spürte ich eine Wärme, die immer mehr meinen Körper durchströmte. Eigentlich gab es nichts anderes als Blickkontakte. Ich war unsicher, ich stotterte, meine Wangen glühten. Es war offensichtlich, was ich fühlte. Werner erzählte ziemlich sachlich und trocken von Dingen wie dem Besuch der zwölften Klasse einer Gesamtschule; sie hätten schon oft über Ausländerdiskriminierung in ihrer Klasse diskutiert, er gehörte einem Arbeitskreis an und so weiter und so fort. Die Zeit war um, schon mußte ich weg. Ich

war irgendwie froh. Werner hatte ich zwar schon ein paarmal gesehen, als ich irgend etwas bei Frau Zander abgeben oder abholen mußte. Aber eben nur an der Tür, und außerdem war ich überhaupt nicht besonders auf ihn aufmerksam geworden.

Mit Frau Zander war ich folgendermaßen verblieben: Sie wollte in der darauffolgenden Woche zu uns kommen und meine Eltern bitten, daß ich ihr Türkischstunden geben dürfe. Zunächst nur einmal in der Woche, damit ich überhaupt einen Vorwand hatte, aus dem Haus zu gehen. Und dann würden wir weitersehen, was zu machen sei, vielleicht würden wir uns auf die Suche nach einer neuen Lehrstelle begeben. Als meine Mutter mich abholte, schwebte ich im siebten Himmel. War das das erste Zipfelchen des Glücks? Mit einem winzigen Lichtblick war plötzlich eine ganze Kette von Hoffnungen und Plänen aufgetreten. So war es schon immer mit mir: Ich habe nie gelernt, daß Glück, aber auch Unglück nicht langatmig sind, daß im Falle eines Glückserlebnisses das Unglück an der nächsten Ecke lauert und umgekehrt.

Unterwegs erzählte ich Mutter von unserem Gespräch. Sie war im großen und ganzen einverstanden. Ich habe allerdings die Anwesenheit Werners verschwiegen. Ich meinte, das brauchte sie nicht zu wissen. Noch nicht. Zumal ich sie ja davon überzeugen mußte, daß sie mir vertrauen kann. Womöglich hätte ich mir alles verbaut, wenn ich ihr von der harmlosen Begegnung mit Werner erzählt hätte. Sie wollte grundsätzlich meine Beziehung zu meiner Lehrerin unterstützen und für mich ein gutes Wort bei unseren drei Männern einlegen.

Als wir an unserer Haustür ankamen, ahnten wir Böses. Denn alle drei Autos, von meinen Brüdern und meinem Vater, waren nebeneinander geparkt. Es war so, als wäre etwas abgesprochen worden. Als wir die Wohnung betraten, unterbrachen die drei Männer ihr heftiges Gespräch und traten auf uns zu. Und sie fragten und fragten, wieder ein Verhör begann, das unendlich dauern konnte.

– Woher kommt ihr?

– Wo warst du, während deine Mutter bei
deiner Schwägerin war?
– Wo hast du dich herumgetrieben?
– Mit wem hast du 'rumgeknutscht ...?

Während die Männer mich umstellt hatten und verhörten, zog sich meine Mutter in die Küche zurück, band sich eine Schürze um und bereitete das Abendessen zu. Ich sagte nur so viel, daß ich bei meiner Lehrerin gewesen sei, um ein Buch, das ich noch von ihr hatte, abzugeben und schwieg. Daraufhin rannte mein Vater in die Küche und hackte auf meiner Mutter herum, wie schnell sie Vereinbarungen vergessen hätte, wenn sie mich nicht rechtzeitig aufgefangen hätten, wäre ich womöglich auf den Strich gegangen und ähnliches mehr. Meine Brüder hauten mir ein paar Ohrfeigen rechts und links herunter und gingen weg. Dieses Mal war es noch verhältnismäßig gut gegangen. Wie es sich im nachhinein herausstellte – meine Schwägerin hat es mich wissen lassen –, verfolgten meine Brüder mich, wo sie konnten, ich sollte sehr vorsichtig sein. Die Männer unserer Familie und die besten Freunde dieser Männer hatten eine ganze Bande gebildet, um mich zu bewachen, ein Komplott war es also. Nun war der neue Hausarrest unter neuen Bedingungen noch unerträglicher. Ich sagte mir aber, nur nicht aufgeben, jetzt noch nicht, wo es doch gerade zu beginnen schien, das mit Werner. Aber wie sollte es vor sich gehen unter diesen Umständen? Ich bat meine Mutter, mit meiner Lehrerin zu telefonieren. Sie sollte ihr lediglich sagen, daß sie nicht mehr zu kommen brauche. Der Anruf meiner Mutter beunruhigte Frau Zander, am nächsten Tag stand sie vor unserer Tür. Meine Mutter war bei der Arbeit, Vater verrichtete sein Mittagsgebet, ich durfte niemandem die Tür öffnen. Als die Klingel ununterbrochen läutete, unterbrach Vater das Gebet nach dem ersten Abschnitt und lief barfuß im Pyjamahosen zur Tür. Er hatte sicher nicht mit ihr gerechnet. So schien es ihm peinlich, in dieser intimen Aufmachung einer deutschen Frau, dazu noch einer Lehrerin, entgegenzutreten. Spontan bat er sie herein und bot ihr Platz an. Dann rief er mich ins Wohnzimmer, um meine Lehrerin zu begrüßen. Kurzum, sie blieb etwa eine Stunde, alles war so friedlich. Aber sie wagte kaum, von unserem Vorhaben zu sprechen, und ich tat so, als wäre alles in Ordnung. Vater redete sich mit dem Vorwand heraus, ich sei in den letzten Tagen etwas kränklich gewesen, und dann fing er an, von unseren Urlaubsplänen zu erzählen, von denen ich nichts wußte. Kurz nachdem sie unsere Wohnung verlassen hatte, machte sich auch mein Vater auf den Weg, er hatte diese Woche Spätschicht. Allein in der Wohnung, brach ich unter Tränen zusammen, schloß mich in mein Zimmer ein. Jetzt schienen mir alle Bemühungen zwecklos.

Als ich später meine Mutter wegen der Urlaubspläne in der Türkei zur Rede stellte, tat sie so, als wisse sie nichts. Sie auch noch, dachte ich. Was tun? Ich mußte irgend etwas unternehmen, um nicht in die Türkei verschleppt, womöglich dort verheiratet zu werden oder sogar für immer dort bleiben zu müssen. Denn ich konnte mir denken, was sie mit mir vorhatten, wenn ich mitführe. Andererseits gab es hier ebensowenig einen Ausweg für mich. Ich war so sehr verzweifelt. Tagelang habe ich kaum gegessen und nur sehr unruhig geschlafen. Ich sagte mir, es muß doch eine Möglichkeit geben. Doch ich sah mich in einer Sackgasse. In die Türkei mitzufahren, wäre mein Ende gewesen. Der Versuch hierzubleiben würde nicht gelingen. Meine Gedanken bewegten sich zwischen der Türkei und dem Hiersein. Die Ausweglosigkeit machte mir unüberwindbare Ängste, die Gedanken drehten sich nur noch um eine Idee, nämlich Schluß zu machen. Weg für immer! Statt mich mit meinen 16 Jahren lebendig in einer Zwangsehe begraben zu lassen, wollte ich lieber Schluß machen. Und ihnen deutlich zeigen, was sie mit mir angestellt hatten. Ich konnte nur so Rache nehmen. Mein Schatten sollte sie samt ihrer Familie ein Leben lang verfolgen.

Die Nachbarstochter, ein kleines Türkenmädchen, kaufte hin und wieder für mich ein, seit ich nicht mehr auf die Straße durfte. Ich schrieb auf einen Zettel: „Rattengift, bitte eine kleine Packung“, in großen Buchstaben, drückte ihr das Geld in die Hand und schickte sie weg. Sie sollte den Zettel der Verkäuferin zeigen, da sie selbst noch nicht so gut Deutsch lesen und verstehen konnte. Sie wußte also nicht, was sie für mich besorgen sollte. Etwa zwanzig Minuten später war sie zurück mit einer kleinen Packung Rattengift und dem Wechselgeld. Komisch. Die Verzweiflung war plötzlich weg. Ich triumphierte! Ich schloß die Tür von innen, ging in mein Zimmer, und nun war keine Zeit zu verlieren. Es könnte ja jederzeit jemand kommen. Löffel für Löffel schluckte ich das Gift mit einem halben Liter Wasser herunter, dann legte ich mich auf mein Sofa, es war mir übel geworden, ich unterdrückte die Übelkeit, schlief ein. Über die Folgen habe ich kaum nachgedacht. Daß ich danach sterben würde, war mir auch so deutlich nicht klar. Zwar wußte ich, daß das Zeug tödlich war, aber konkret an meinen Tod dachte ich nicht. Ich wollte meine Familie nur abschrecken, ihnen eines auswischen. Fast wie ein Kinderstreich. Es war mir nicht klar, wie es enden würde. Der Plan war nicht durchdacht, das Ende war unvorhersehbar.

Als ich aufwachte, saß Mutter an meinem Bett, und meine Lippen, mein Hals und mein Magen schmerzten von der Spülung. Ich drückte meine Augen zu, um nichts mehr sehen zu müssen. Mutter fragte mit weinerlicher Stimme andauernd: „Mein Engelchen warum hast du das getan, wie konntest du es uns antun?“.

Ich wollte schlafen, nichts als schlafen.

Als ich ein paar Tage später aus dem Krankenhaus nach Hause kam, war mein Vater mit einem meiner Brüder und dessen Kindern in die Türkei abgereist, um dort seinen Geschäften nachzugehen und meine beiden Nichten für eine Zeitlang bei Verwandten zu lassen. Die Frau meines Bruders mußte arbeiten, und er war nicht bereit, die Kinder in den Hort zu geben. Ich fühlte mich inzwischen wie neugeboren. Wie meine Mutter mir später verriet, hatte mein Vater im Krankenhaus die ganze Nacht meine Hand gehalten, während sie mir den Magen auspumpten. Er, der große, starke, erwachsene Mann, hatte wie ein Kind geweint, die Schwestern und den Arzt angefleht, daß sie mich retten sollten. Er wäre bereit, dafür alles zu geben. Hatte es sich gelohnt? Wer weiß. Auf jeden Fall wußte jedermann in unserer Nachbarschaft, überhaupt die ganze Türkenkolonie über den Fall genauestens Bescheid. Nun war ich nicht die Erste. Solche Fälle hatten sich gehäuft, alleine in diesem Jahr waren schon fünf oder sechs türkische Mädchen in dieser Stadt durch Selbstmordversuche oder durch Flucht aus dem Elternhaus ins Gerede gekommen. Man sprach also ungehemmt darüber. Frauen tauschten als erste Neuigkeit solche Ereignisse beim Einkaufen im Türkenladen aus. An zweiter Stelle kamen als Gesprächsstoff die Inhalte der zuletzt gesehenen Videofilme dran. Die Männer dagegen verbreiteten diese Ereignisse ausgeschmückt und besudelt mit ihrer eigenen Phantasie, vielleicht sogar als geheime Wunschvorstellungen in den Moscheen vor oder nach dem Gebet oder in den Kaffeehäusern, während sie Glücksspiele betrieben. Die Koranschulen ließen sich so etwas auch nicht entgehen. Solch ein Ereignis kann unter Umständen ein sehr ergiebiger Unterricht mit hohem Lerneffekt für die kleinen und jungen Türkenmädchen werden, als schlechtes Beispiel und gute Lektion. Wie die Moslems sagen, als „İbret“ dienen. Ich möchte zu gerne wissen, wie in diesen Kreisen über meinen Fall gesprochen wurde. Oder auch über andere. Drei Versionen aber häuften sich in der Regel. Die Äußerungen dazu lauteten etwa folgendermaßen:

- Ach, wissen Sie, was mit der Tochter vom A... passiert ist? Das arme Mädchen, Gott sei Dank, sie hat diesmal Glück gehabt. Aber naja ... (Diese Version, wenn sie gerettet wurde.)
- Ach das arme Ding, was muß sie gelitten haben, man sagt, sie sei nicht mehr Jungfrau gewesen, Gott soll sie von ihren Sünden befreien. Die Hölle soll ihr erspart bleiben. Ihre armen Eltern! (Diese Version, wenn sie nicht mehr gerettet werden konnte.)
- Diese Hure! Es ist ein Schandfleck für unser Volk und für uns fromme Moslems, wie sollen wir uns nun auf die Straße wagen, was sagen unsere Christenfeinde über uns!? Hätte man

früh genug begonnen, sie zu bändigen, wäre es nicht so gekommen. Wie sagt man: „Kizini dövmeyen, dizini döver ..." Wer nicht seine Tochter rechtzeitig über die Knie legt, der schlägt später seine eigenen Knie wund. Gott soll sie verdammen. „Allah kahretsin! ... (Diese Version, wenn sie aus dem Elternhaus geflohen ist.)

Man kann sich endlose Versionen dieser Art, Gerüchte und Stellungnahmen vorstellen.

Die sechs Wochen Abwesenheit meines einen Bruders und meines Vaters waren für mich voller Genuß. Ich hatte so richtig Lust, alle möglichen Dummheiten zu machen. Die Kontrolle, die sonst über mich ausgeübt wurde, war auf ein Drittel reduziert worden. Selbst die Kontrolle meines einen Bruders ließ in Abwesenheit meines Vaters nach. Außerdem wußte ich als einzige in der Familie, daß er seine Frau betrog. Also ließ er sich pflichtgemäß ab und zu bei uns sehen, und dann verschwand er wieder für einige Tage. Mit der einen Schwägerin, deren Mann in dieser Zeit mit meinem Vater in der Türkei war, verstand ich mich schon immer gut. Meine Mutter ließ mich ziemlich frei, redete mir nur ins Gewissen, ich sollte ja nicht ihre Solidarität mißbrauchen. Ich hatte auch nichts dergleichen vor.

Da der Gedanke an Werner mich in den letzten Monaten nicht in Ruhe ließ, war das erste was ich tat, meine Lehrerin anzurufen in der Hoffnung, irgendwie Werner wiederzusehen. Am Telefon schlug sie mir vor, zu ihr nach Hause zu kommen, damit wir unter vier Augen sprechen könnten. Ich sagte Mutter kurz Bescheid, wenn sie mich brauche, wäre ich bei Frau Zander, gab ihr die Telefonnummer. In der letzten Zeit hatte ich Werner nicht mehr gesehen. Er hatte ja keinen Zugang zu mir. Seine Mutter hatte ihm über ihren letzten Besuch bei uns berichtet. Wie sollte er mich erreichen unter dem derart gut funktionierenden Bewachungsmechanismus?

Unterwegs besorgte ich ein paar Blumen und eilte fröhlich zu ihr. Werner öffnete die Tür, seine Mutter war kurz weggegangen, um einige Besorgungen zu machen. Und gerade dies kam uns sehr gelegen. Während er und ich in Richtung seines Zim-

mers gingen, entschuldigte er sich andauernd, daß er mir keinen Platz anbieten könne. Er war im Aufbruch. Offensichtlich zog er aus. Als ich ihn dann gezielt fragte, erzählte er, daß er frei sein wolle. Seine Mutter würde ihn viel zu sehr in Anspruch nehmen, mit ihrer Mütterlichkeit und Liebe. Sie würde seine persönliche Entfaltung hindern usw. Das alles konnte ich nicht so richtig verstehen. Aber ich fragte ihn: „Und nun?“ Ja, er hatte eine Wohngemeinschaft mit ein paar anderen Schülern und Studenten gegründet und gab mir die Adresse und die Telefonnummer. Er würde sich ungeheuer freuen, wenn ich mich bei ihm melden würde. Ungeheuer freuen? Das wollte ich mir merken. Ich setzte mich ins Wohnzimmer, kurz darauf kam meine Lehrerin. Während wir im Wohnzimmer Tee tranken und über die Dinge und Ereignisse ziemlich durcheinander erzählten, packte Werner im Nebenzimmer seine Bücher in Kisten ein und beschriftete sie. Ab und zu kam er ins Wohnzimmer, um nach Klebestreifen und Paketschnur zu fragen.
Ich war unkonzentriert. Irgendwie hatte mich die Befürchtung gepackt, ich würde ihn nie mehr sehen können. Als ich nun nach Hause gehen wollte, bot er sich freiwillig an, mich zu fahren. Er fragte seine Mutter nach dem Wagenschlüssel, und ich verabschiedete mich von ihr; dies sollte ein Abschied für immer sein. Wir fuhren anfangs ziemlich zügig, nachdem ich durchblicken ließ, daß ich es nicht so eilig hätte, parkte er den Wagen irgendwo in einer dunklen Ecke. Wir blieben drinnen sitzen. Seine erste Frage war: „Was willst Du mit Deinem Leben anfangen“? Ich erzählte von den Schwierigkeiten in meinem Elternhaus auf der einen Seite und von meinen Wunschvorstellungen auf der anderen Seite. Dann kamen von ihm die ersten Signale für unsere frisch beginnende Beziehung. Er fand also in mir dieses gewisse Etwas, was er meinte, mit Worten nicht ausdrücken zu können.
Wir vereinbarten ein baldiges Wiedersehen, die Initiative überließ er mir, da es umgekehrt zu gefährlich wäre. Ich versprach, ihn anzurufen. Das tat ich auch in den darauffolgenden Tagen, konnte ihn aber nicht erreichen, immer waren andere Jungs

oder irgendwelche Mädchen am Apparat, die nie wußten, wann er nach Hause kommen würde. Beim letzten Telefongespräch hinterließ ich die Nachricht, ich würde ihn bei Bertolini im Eisladen um 14.00 Uhr erwarten, es wäre sehr dringend, habe aber meinen Namen nicht gesagt. Er kam. Im gleichen Augenblick wurden wir von verschiedenen Türken gesehen. Wie schnell hatte ich mein letztes Unglück vor diesem Laden vergessen. Auf der anderen Seite war er mir dieses Risiko wert. Wir fanden natürlich irgendwelche Gesprächsthemen, die nicht wesentlich und gar nicht wichtig waren. Es war auch nicht anders möglich unter den beobachtenden Adleraugen schnurrbärtiger Türken. Seine Freunde wollten an dem Wochenende die Wohngemeinschaft einweihen. Ich sollte unbedingt kommen. Ich nahm seine Einladung an, würde aber eine sehr gute Lüge erfinden müssen. Nach langem Hin- und Herüberlegen sah mein Plan so aus: Ich muß dazu sagen, daß ich meiner Schwägerin von meiner Beziehung zu Werner schon etwas erzählt hatte. Sie wollte mir helfen, nun sollte sie es wirklich tun, meinte ich. Ich sagte meiner Mutter, ich würde am Wochenende bei der Schwägerin übernachten, sie sollte sich keine Sorgen machen, wir hätten neue Videofilme ausgeliehen usw. Meine Schwägerin sollte wiederum von meinem Besuch bei Werner wissen, durfte allerdings keinesfalls irgend jemandem etwas davon verraten. Sie war in Ordnung. Wir wußten, daß Mutter nie auf die Idee kommen würde, mir nachzugehen. Ich ging also zu der Feier und nahm einen Wohnungsschlüssel von meiner Schwägerin mit, falls es spät werden sollte. Meine Schwägerin, ein herzensguter Mensch, gab ein paar Ratschläge, vorsichtig zu sein, die schlimmen Folgen einer eventuellen Leichtsinnigkeit sollte ich nicht vergessen, bevor ich irgend etwas beginge. Während ich mit dem Bus zu Werner fuhr, zählte ich die Tage meiner Freiheit. Denn sobald mein Vater zurück sein würde, dürfte ich nicht mehr aus dem Haus. Deswegen gewann dieser Abend einen besonderen Stellenwert. Leben, erleben, alles was ich verpaßt hatte und was ich nie mehr erleben würde, wollte ich in einen Abend

hineinpacken. Einmal frei sein, verrückt sein, über alle Schranken hinweg.
Der Abend war mit lauter für mich ungewohnten Erlebnissen erfüllt. Aber das war gerade das Reizvolle daran. Die Gäste waren junge Leute zwischen 18 und 25, Paare tanzten und schmusten, die Musik und der Wein erfüllten die Atmosphäre mit einer geheimnisvollen Stimmung. Die Kerzen brannten nacheinander aus. Lange nach Mitternacht ging der größte Teil der Gäste, ohne sich groß zu verabschieden. Ich lag im Alkohol- und Tabakrausch in Werners Armen. Wir verzogen uns in sein Zimmer. Mir war es ein bißchen schwindelig. Ich ließ mich ausziehen, ich wehrte mich nicht. Nun lag ich wie ein junges Reh regungslos da. Es war mir etwas kalt, aber wohl, so wohl wie noch nie. Ich ließ mich lieben, streicheln, ausgiebig küssen, ich ließ mich gehen, ich war erregt, und plötzlich fühlte ich einen feinen Schmerz, als hätte mich eine Rasierklinge an meiner empfindlichsten Stelle fein berührt, als wollte dieselbe Klinge an mir eine Spur hinterlassen, ohne mir wehzutun, die ein Leben lang bleiben sollte. Dieser Freudenschmerz verwandelte mich in dieser Nacht in eine Frau. Ich blutete nur etwas. Wir lagen uns in den Armen und schliefen dann ein. Sonderbar, am nächsten Morgen fühlte ich eine wahnsinnige Geborgenheit und Sicherheit, keine Spur von Reue und Angst. Ich fragte mich nicht einmal, wie es weitergehen sollte. Die Zukunft würde schon das bringen, was sie mußte. Mit einer unbeschreiblichen Freude und nach einem gemütlichen Frühstück beim Kerzenlicht mit Werner, denn die anderen im Haus schliefen noch ihren Rausch aus, bin ich zu meiner Schwägerin gegangen. Sie hatte sich furchtbare Sorgen gemacht. Sie sei in der Nacht immer wieder aufgestanden und habe nach mir geguckt. Sie weinte vor Angst davor, daß unsere Geheimnisse irgendwie enthüllt werden könnten. Wir sicherten uns gegenseitig Vertrauen zu. Ich ging am Nachmittag zu uns nach Hause. Unterwegs dachte ich darüber nach, daß es nicht fair gewesen war, was ich meiner Schwägerin zugemutet hatte. Aber wenn sie gewußt hätte, was passiert war, hätte sie noch mehr Angst gehabt,

und ihr schlechtes Gewissen hätte sie ihr Leben lang gequält. Wenn sie aber andererseits gewußt hätte, wie sehr glücklich ich war, was sie auf jeden Fall hätte nachvollziehen können, vermute ich, hätte sie sich vielleicht mit mir gefreut. Unterwegs dachte ich, daß ich überhaupt andere in mein Unglück mit hineinziehe, sie für meine Freiheit unglücklich mache und sogar unter Umständen teuer bezahlen lasse.
Die Gedanken an die Unannehmlichkeiten, die meine Mutter meinetwegen bekommen könnte und auch später tatsächlich bekam, ließen mich nicht in Ruhe. Den Sonntagabend verbrachten wir in der Nachbarschaft bei einem türkischen Videofilm, welcher ein außerordentlich schmalziger Liebesfilm war. Während die anwesenden Gäste sich dem Film hingaben, war ich in meinen Gedanken bei Werner. In der folgenden Zeit traf ich mich heimlich fast jeden Tag mit ihm und zwar immer in den Stunden, in denen meine Mutter bei der Arbeit war. Unfaßbar kam es mir manchmal vor, unglaublich, diese Freiheit; vollkommen ungewohnt, daß mich keiner bewachte. Hätte mein Vater sich nicht denken können, daß ich diese Freiheit bis zum Äußersten nutzen würde?
Die Beziehung mit Werner befestigte sich, unser wichtigstes Problem zur Zeit war, eine Schwangerschaft zu vermeiden. Das wäre das letzte gewesen, zumal Werner in seinem Leben noch viel vor hatte, wie Studium, Reisen, Lebenserfahrung, Selbstentfaltung ... Außerdem war noch überhaupt keine Rede davon, daß wir für immer fest zusammenbleiben würden. Nur wenn ich immer wieder von meinen Problemen zu Hause erzählte, sicherte er mir zu, bei ihm wohnen zu können. Die Leute von der Wohngemeinschaft würden mich mit offenen Armen aufnehmen. Zudem hatte jeder in der Gemeinschaft seine individuelle Freiheit. Für mich wäre immer ein Platz da. Ich wollte mich vor solch einer Entscheidung vorläufig hüten, schloß es aber nicht völlig aus. So kam es dann, wie es kommen mußte. Mein Vater kehrte aus der Türkei zurück. Noch am selben Abend war in unserem Hause wieder die Hölle los. Einer der Türken, die mich mit Werner in Bertolinis Eisladen gese-

hen hatten, hatte mich meinem Bruder verraten. Nun wurde mit mir abgerechnet. Ich glaube, wenn sie gewußt hätten, was ich sonst noch angerichtet hatte, dann hätten sie mich auf der Stelle erwürgt. Obwohl die Strafe, gemessen an dem, was geschehen war, verhältnismäßig milde ausfiel, hatte ich so die Nase voll, daß ich, während sie mich abwechselnd schlugen, Pläne schmied, wie ich mich befreien würde.
Zum Glück endete ihre Ausdauer bald, da sie von der Reise noch erschöpft waren.
Mein Vater hatte vergessen, was er an meinem Krankenbett gesagt hatte, nämlich, daß er alles dafür geben wolle, mich am Leben zu erhalten. Alles waren Zwecklügen: damit die Leute ihn nicht für meinen Entschluß ein Leben lang verurteilten, betete er dafür, daß ich am Leben bleibe.
Ich hatte meinen Entschluß gefaßt, es lag nahe. Das könnte eventuell die Chance meines Lebens sein, dachte ich, das darf ich nicht verpassen.
Am nächsten Tag packte ich meine Siebensachen zusammen und verschwand stillschweigend. Ich hinterließ keine Nachricht, keine Adresse. Das war meine Konsequenz. Werner wunderte sich über meine Entscheidung nicht, ich blieb bei ihm. Mit den einzelnen Mitgliedern der Gemeinschaft wurde eine Verabredung getroffen. Es durfte keiner von meiner Anwesenheit hier im Hause nach außen etwas durchsickern lassen. Mich kümmerte nichts, gar nichts mehr. Ich konnte mir genau vorstellen, was passieren würde, wenn meine Familie entdeckte, daß ich für immer verschwunden war. Nämlich Suche bei Bekannten, Kreuzverhöre, Ausfragen aller Familienangehörigen und Nachbarn! Polizei ... vielleicht noch nicht gleich aber sicher ganz zum Schluß würde die Polizei eingeschaltet werden. Meine Lehrerin ...? Sie würde man bestimmt ausfragen, möglicherweise würden sie sogar mit Hilfe der Polente ihre Wohnung durchsuchen. Sie würde sich Sorgen machen, sie würde meinetwegen auch noch Unannehmlichkeiten bekommen. Sie wußte von meiner Beziehung mit Werner gar nichts. Niemand aus unseren Türkenkreisen wußte, daß ich

eine feste Beziehung mit einem Deutschen hatte, und schließlich wußte aus diesen Kreisen niemand, daß Werner der Sohn meiner ehemaligen Lehrerin war, außer meiner Schwägerin, und die hielt dicht. Sie würde sich schon irgendwie aus der Affäre ziehen können, das hoffte ich. Aber vielleicht würde ihr Mann sie foltern bis sie aussagte. Nein, nein, das durfte nicht sein.

Tage und Wochen vergingen, mein Alltag in der Wohngemeinschaft verlief ziemlich eintönig. Der größte Teil meiner Zeit verging mit Hausarbeit, da sich keiner von den Mitbewohnern um den Haushalt kümmerte. Ich war nicht an dieses Ausmaß von Unordnung gewohnt. Ein Berg Wäsche lag fast immer vor der Waschmaschine in der Küche, neben Obst und Gemüse. Der Abwaschberg wurde von keinem angefaßt, wenn ich mich seiner nicht erbarmte, die verdreckten Waschbecken, der Staub, der sich überall festgesetzt hatte, und die Fensterscheiben, die wer weiß wie viele Jahre nicht geputzt worden waren und vor allem das Durcheinander ließen mich nicht ruhen.

In dieser Zeit begann ich zu lesen. Zuerst bestellte ich die türkischen wöchentlich erscheinenden Fotoromane, Werner brachte sie mir vom Bahnhof, er bezahlte sie auch. Irgendwann gab es eine kleine Auseinandersetzung zwischen uns, während derer sich herausstellte, daß er gegen meine Fotoromane war, außerdem bezahlte er für mich all meine wenigen Sonderwünsche, da ich kein Geld ins Haus brachte. Irgendwann kam Werner mit ein paar türkischsprachigen Büchern nach Hause. Das waren Gedichtbände, Romane. Er hatte sie von der Stadtbibliothek ausgeliehen. Leider scheiterte es beim ersten Versuch, ich konnte die Sprache der Bücher nicht verstehen. Bei Fotoromanen war die Sprechblasensprache sehr, sehr einfach. Damit hatte ich keine Schwierigkeiten, aber ich hatte noch nie in türkischer Sprache ein Buch gelesen. Ich warf die Bücher beiseite und las nun meine veralteten Wochenzeitschriften. Die Welt, von der in diesen Zeitschriften erzählt wurde, gefiel mir. Die bunten Bilder von bekannten Schauspielerinnen und reichen Leuten und deren Lebensführung war auf der einen Seite so fremd für Leute wie mich, auf der anderen Seite waren sie unsere Träume, ihr Reichtum unsere Wunschvorstellung. Diese Gesichter waren uns eigentlich von den Videofilmen aus unseren Wohnstuben vertraut. Werner war ganz und gar nicht damit einverstanden. Was sollte ich tun? Ich wagte mich seit Wochen nicht mehr auf die Straße, war von der Außenwelt absolut abgeschlossen. Abends Fernsehen, tagsüber in der Stube hocken, dazu ging Werner an manchen Wochenenden zu seiner Mutter und blieb dort bis zum Montag, und auch sonst war er abends öfter weg. Mich ließ die Unruhe nicht los. Ich dachte immer öfter an zu Hause und wollte wissen, was passiert ist, seitdem ich weg war.

Inzwischen hatte Werner seiner Mutter gegenüber durchblicken lassen, daß ich nun bei ihm wohnte. Sie war kaum darüber verwundert, als hätte sie es geahnt. Natürlich hatten meine Eltern sie aufgesucht und ausgefragt, aber zu dem Zeitpunkt wußte sie noch nicht, wo ich war. Nachdem sie es erfahren hatte, drängte sie ihren Sohn, mich zu meinen Eltern zu schikken, sonst würde sie von selbst auspacken. Sie hatte ihn über seine Handlung und deren Rechtswidrigkeit belehrt, er mache sich ihrer Meinung nach strafbar, da ich noch nicht 18 Jahre alt war. Werner widersetzte sich ihren Drohungen zuerst spontan, wenn er jedoch später hin- und herüberlegte, gab er ihr recht und fing an, sich Gedanken zu machen, wie wir aus diesem Schlamassel herauskommen würden. Parallel bildeten sich Konflikte zu Hause unter den Mitgliedern der Wohngemeinschaft, darüber, daß ich mich an den Unkosten nicht beteiligte. Außerdem machten wir uns Gedanken über die Zukunft. Nach Werners Meinung sollte ich zum Arbeitsamt gehen und mich erkundigen, ich sollte mich um eine Lehrstelle bemühen. Das wollte auch ich. Wenn ich nämlich eine Lehrstelle gefunden hätte, würde auch Werner aus der Gemeinschaft ausziehen, was er sowieso vorhatte, denn er hatte inzwischen sein Abitur bestanden, mehrere Bewerbungen an verschiedene Universitäten waren schon unterwegs. Er wartete auf einen Studienplatz. Mit seiner Mutter hatte er die Beziehung auf Eis gelegt. Sie

unterstützte ihn finanziell auch nicht mehr, mit seinem BAFÖG aber, war es unmöglich, zu zweit auszukommen.
Ich entschloß mich, zum Arbeitsamt zu gehen, ich hatte es satt, ihm auf der Pelle zu liegen. Dazu mußte ich die nötigen Unterlagen zusammenstellen, und an diese war unmöglich 'ranzukommen, da mein Abschlußzeugnis, die Bescheinigung über mein Sozialpraktikum, mein Paß und einige andere Papiere bei uns zu Hause waren. Ich entschloß mich, meine Schwägerin zu besuchen. Bei ihr könnte ich von den letzten Entwicklungen erfahren, nur sie konnte mir die Unterlagen von zu Hause heimlich besorgen. Als ich an ihrer Tür erschien, dachte sie wohl, sie träume. Schnell und leise ließ sie mich in die Wohnung hinein, damit die türkische Nachbarschaft nichts merkte. Stundenlang erzählte sie über das Theater bei uns zu Hause. In den ersten Wochen wären sie ausgeflippt gewesen, nachdem sie bei allen infrage kommenden Möglichkeiten nachgeforscht und mich nicht gefunden hatten, hätte sich ihr Zorn gelegt. Nur Mutter litt immer noch sehr darunter. Ihre Sorgen drehten sich mehr um meinen Gesundheitszustand, mit den moralischen Fragen hätte sie sich schon längst abgefunden. Außerdem hätten sie rechtzeitig den Leuten das Maul gestopft, indem sie von vornherein gesagt hätten, ich sei in der Türkei. So blieb nach außen hin kein Grund für Besorgnisse. Gleichzeitig hätten sie ein geschicktes Versteckspiel gespielt.
Ich konnte bei ihr nicht lange bleiben. Meine Schwägerin wollte alles Machbare versuchen, sie durfte aber niemanden etwas spüren lassen. Ich ging und verabredete mich mit ihr um die gleiche Zeit in einer Woche. Ich hinterließ ihr meine Adresse.
Werner wartete die ganze Zeit an der nächsten Ecke im Auto, schwitzte Blut und Wasser. Als wir zusammen zu ihm fuhren packte er endlich aus, ihn hatte die Angst ergriffen, er wollte nicht in solche Sachen verwickelt werden, wolle nicht eines Tages ein Messer in die Rippen kriegen. Er gab zu, daß er all diese Folgen nicht durchdacht hatte, als er mich bei sich aufnahm. Ich sollte gefälligst meinen Lebensweg selber ebnen. Er ließ

damit die Katze aus dem Sack. Ich habe in diesem Moment zum ersten Male bereut, von zu Hause weggegangen zu sein. Er war bestimmt nicht der Mann, der mit mir durch dick und dünn gehen würde. Dabei war es noch nicht ein viertel Jahr her, daß er beteuert hatte, mich nie im Stich zu lassen, und ich hatte mich darauf eingelassen. Als erstes dachte ich, daß ich mit meiner Ehre eigentlich alles verloren hatte, zweitens, daß ich nicht mehr bei ihm bleiben wollte. Aber wohin? Noch vor einer Stunde sah alles anders aus. Ich hatte neue Hoffnungen gehabt, wir hatten neue Pläne geschmiedet; es hätte so schön werden können, wenn Werner etwas mehr Mut und Männlichkeit besessen hätte, dachte ich. Das Muttersöhnchen, der Schlappschwanz, dieser Halunke, dieser Verleumder, sagte ich, während ich meine Fotoromane einpackte, außer ihnen und ein paar Wäschestücken hatte ich ja nichts. Ich lief resigniert weinend durch die Straßen. Ich war meiner Ehre beraubt. Ermattet kam ich zur Beratungsstelle. Ich wußte, dort arbeiten mehrere türkische Frauen, die sich in diesen Konflikten zwischen türkischen Jugendlichen und den Eltern gut auskannten und bisher die Vermittlerrolle bestens bewältigt hatten. Mir war dies aus anderen Fällen bekannt.
Ich brauchte nicht lange zu warten; als eine der Sozialarbeiterinnen mich in meinem unmöglichen Zustand sah, nahm sie mich als nächste vor. In einem der Nebenzimmer erzählte ich kurz und bündig meinen Fall. Sie begriff sehr schnell und beruhigte mich zunächst, daß ich über Nacht bei ihr bleiben könnte. Ich blieb eine ganze Woche bei ihr. In dieser Zeit hatte sie meine Eltern aufgesucht und ihnen von A bis Z, ohne etwas zu verschweigen, erzählt, was geschehen war. Die ganze Familie wäre dabeigewesen, alle außer meinem Vater – denn das letzte Wort hat immer er zu sagen – wären schweigsam, stumm gewesen, und Vater hätte gesagt, ich solle wegbleiben, dort wo ich bisher war, bei ihm solle ich kein zu Hause mehr suchen. Sie hätten mich aus dem Familienverband ausgeschlossen, aus ihren Gedächtnissen ausgelöscht. Die Umgebung glaubte, daß ich in der Türkei sei. Sie wollten keine geschändete Tochter mehr in

ihrem frommen Haus beherbergen. Meine Hauptschulzeugnisse, meinen Schülerausweis hatten sie ihr in die Hand gedrückt. In eine Plastiktüte hatte Mutter meine restlichen Klamotten 'reingestopft. Die letzten Worte des Vaters seien gewesen: „Sie soll aus dieser Stadt verschwinden, es kann sein, daß, wenn einer von uns ihr zufällig begegnet, dies ihr Ende ist."
Ich hatte keinen Schutz mehr im Elternhaus gesucht und wollte also ohnehin nicht dorthin, aber Sehnsucht nach meiner Mutter hatte ich, Heimweh nach meiner vertrauten Umgebung, unseren Nachbarn, meinen Freundinnen, meiner Schwägerin. Wie leicht war es, das eigene Kind auszustoßen, wenn es nicht nach den altertümlichen Vorstellungen der Eltern tanzte. Wie unmenschlich konnten diese frommen Menschen sein, wenn ihre Töchter den elementarsten menschlichen Freiheiten nachgingen. Es halfen keine Tränen, keine Reue. Ich war so mutig, als ich von zu Hause wegging und noch mutiger, als ich Werner verließ, denn da hatte ich niemanden mehr, der mich im Notfall aufnehmen würde. Von der Sozialarbeiterin, die mich noch ein paar Tage bei sich beherbergte, habe ich viel gelernt. Sie hat mir in dieser Zeit ihre Lebensgeschichte erzählt: Seit mehr als zehn Jahren betreue sie Frauen und Mädchen, die vor der Gewalt und der Willkür ihrer Männer, ihrer Väter und ihrer Brüder wegrannten, wenn sie keine Kraft mehr hatten, es auszuhalten. Die Selbstmordversuche unter türkischen Mädchen nähmen immer mehr zu. Die Unterdrückung ließen meist Frauen über sich ergehen, die nicht berufstätig wären und bereits Kinder hätten. Für sie wäre es fast unmöglich, aus dieser Gefangenschaft loszukommen, da sie wirtschaftlich von ihren Männern abhingen. Die Mädchen könnten noch Erfolg haben, sie könnten noch auf dem Wege zu ihrer Befreiung und der Befreiung anderer Frauen einen Beitrag leisten. Dazu müsse man sich allerdings erst die wirtschaftliche Unabhängigkeit schaffen. Da aber die meisten türkischen Frauen und Mädchen kaum über einen gelernten Beruf verfügten, würden die Mehrzahl Hilfsarbeiten annehmen, in denen sie wiederum von den Arbeitgebern schamlos ausgebeutet würden. Also von einer

Ausbeutung zu einer anderen. So sagte sie. Konkret zu meinem Fall waren wir gemeinsam zu der folgenden Lösung gekommen: Sie hatte in diesen Tagen zahlreiche Telefonate geführt und endlich für mich in der nächstgelegenen Stadt eine Unterkunft in einem Frauenhaus gefunden, dort könnte ich unterkommen. Von ihr wurde ich außerdem an eine andere Sozialarbeiterin verwiesen. Sie wußte über mich Bescheid, würde mich vom Bahnhof abholen und alles für mich erledigen. Ich solle keine Angst haben, in dem Frauenhaus wären andere Frauen, die von ähnlichen Schicksalen betroffen seien. Dort würde man durch das gemeinsame Schicksal einander näher kommen. Dort wäre ich geschützt. Außer der Polizei und der Leiterin des Hauses würde sie keinem eine Auskunft über mich erteilen.
Sie setzte mich in den Zug, zahlte meine Fahrkarte und drückte mir zwanzig Mark in die Hand, mit der Zusicherung, ich könne mich jederzeit an sie wenden. Außerdem würde sich ihre Kollegin mindestens so gut um mich kümmern. Kopf hoch, Kopf hoch, rief sie mir nach. Ich verlor ihr Gesicht unter der Menschenmenge am Bahnsteig aus den Augen. Ihre Stimme schallte an die rollenden Waggons. Kopf hoch, Kopf hoch, gib nicht auf! Mut Zeynep! Der Zug rollte mit gleichmäßiger Geschwindigkeit. Ich setzte mich auf einen der Sitze am Fenster im Abteil und versank in meine Gedanken.
Ein neuer Abschnitt meines Lebens begann. Während der Fahrt kaute ich pausenlos an meinen Fingernägeln, das tat ich immer dann, wenn es mir schlecht ging – ein Zeichen meiner Verzweiflung. In dem Abteil saßen lauter alte Leute und mampften an ihren Stullen. Keiner sagte einen Ton. Dann kam eine aufgetakelte Frau mit zehn Ringen an zehn Fingern. Ich bot ihr meinen Platz an und lief aus dem Abteil mit seinem Wurst- und Biergestank hinaus. Die Fahrt kam mir endlos vor. Unterwegs dachte ich unentwegt daran, was aus mir werden würde, und wie es weitergehen sollte. Es war ein regnerischer Herbsttag, die Bäume ließen ihre gelb-braunen Blätter fallen. Auf den Wiesen weideten große, dicke Kühe mit ihren milchschaukelnden Eutern, daß sie kaum gehen konnten. Die Luft

war unheilschwanger. Die Zeit verbarg unvorhersehbare Dinge. Ich war melancholisch gestimmt, dazu hatte ich allen Grund.

Der Winter herrscht seit Wochen mit all seiner Macht. Tag für Tag berichten die Nachrichten von zahllosen Autounfällen. Bei dem Glatteis und der Kälte wagen die Menschen kaum, einmal auf die Straße zu gehen. Ich habe keine vernünftigen Winterkleider, die alten Stiefel, die mir eine Frau im Betrieb gegeben hat, lassen Feuchtigkeit durch. Ich fröstle ständig, ein Wind weht draußen, und die Kälte ist in mir. Der Wind weht messerscharf, er verwahrlost alles in mir, es ist unbarmherzig kalt. Es fällt mir schwer, morgens so früh aufzustehen. Die Heizung wird über Nacht ausgestellt, die Bude wird ohnehin nicht richtig warm. Gegen Morgen ist alles eiskalt, Energie sparen heißt es. Ich frage mich, warum wir Schwachen diejenigen sind, die immer die Zähne zusammenbeißen müssen, ich möchte wissen, ob die Frau des Chefs auch durchlöcherte Stiefel hat. Ob sie je in ihrem Leben morgens in einem kalten Zimmer aufwachen mußte? Ob sie auch Energie sparen, oder sparen wir Energie, damit sie gut heizen können? Ich habe mich an die Gummihandschuhe, die sie mir gegeben haben, nicht gewöhnen können. Wenn ich in der achten, neunten, zehnten Etage bei minus 8 Grad die riesigen Fensterscheiben putze, frieren mir meine Hände ein. Ich tauche sie in das warme Wasser im Eimer, damit sie warm bleiben. Dann denke ich an die Unterschiede zwischen Menschen, zwischen arm und reich, Türken und Deutschen, Frau und Mann, dann fluche ich auf die Obenstehenden, auf die Reichen, auf die Deutschen, auf die Männer. Auf die reichen deutschen Männer, auf die dickbäuchigen Fettwänste, fluche ich am meisten. Wenn ich manchmal in den höheren Stockwerken putze, mich dann die Melancholie packt, schaue ich hinunter, dann wird es mir ganz schwarz vor den Augen. Um ein Haar entrinne ich dem Tod, dann höre ich die Stimme der Sozialarbeiterin: Kopf hoch, Zeynep, Mut Zeynep, gib nicht auf! Es gehört arg viel Tapferkeit und Heldenmut dazu, mit diesem Elend fertigzuwerden. Und ich bin noch nicht einmal 18. Ich bin froh, wenn ich nach diesen drei Stunden spät abends nach Hause komme. Zur Zeit vertrete ich außerdem vormittags sechs Stunden eine Portugiesin in einer Weberei. Sie hat Mutterschaftsurlaub. Ich sage mir oft, wenn ich wenigstens einen gelernten Beruf oder noch die Möglichkeit hätte, einen zu erlernen. Aber ich habe es verpaßt, abgesehen davon, auch wenn ich in meinem Elternhaus geblieben wäre, hätte man mich nicht lernen lassen. Also so und so hätte ich diese Privilegien, die für andere völlig selbstverständlich sind, nie besitzen können. Manchmal sage ich mir, daß ich zufrieden sein sollte mit dem Leben, das ich führe. Wenn ich zu Hause geblieben wäre, hätte man mich schon längst unter die Haube gebracht. Aber trotzdem kann ich mich der Ungerechtigkeit nicht beugen. In der Weberei haben sie mich deswegen genommen, weil kein anderer Mensch die Arbeit tun würde. Die Arbeit ist schwer, sie ist schmutzig. Es ist laut, der Lärm der Webstühle ohrenbetäubend. Wenn wir unsere Ohren nicht zustöpseln, kann man kaum eine Minute den Lärm aushalten. Die Portugiesin bediente bis zu 75 Webstühle. Da ich völlig neu hier bin und über keinerlei Erfahrungen verfüge, konnte ich gerade die Hälfte der Maschinen übernehmen. Sobald ich eingearbeitet worden bin, kann ich auch noch die restlichen Wegstühle übernehmen. An den Webstühlen wird Baumwolle gewebt, sie wirbelt schwere Staubwolken im Saal auf. Diesen Staub atmen wir ein. An den Webstühlen arbeiten fast ausschließlich ausländische Frauen. Die Maschinen werden mit Nylonhüllen bedeckt, damit kein Staub drankommt. Aber wir, wie sollen wir unsere Lungen verhüllen? Hier leidet fast jeder unter Atemschwierigkeiten. Es ist unmenschlich, die Bedingungen, unter denen wir hier arbeiten. Die Vorarbeiterin, eine deutsche Frau, sieht eine Möglichkeit, mich weiterhin im Betrieb zu beschäftigen, wenn ich zeige, daß ich für diese Arbeit geeignet bin. Manchmal denke ich, ich sollte es annehmen. Dann könnte ich, mit einem geregelten Gehalt, ohne ständige finanzielle Sorgen mein Leben anders gestalten. Ich könnte mir zum Beispiel ein eigenes Zimmer nehmen, nett einrichten. Ich brauche dringend ein paar vernünftige Sachen zum Anziehen. Dann könnte ich sie mir leisten. Abends könnte ich dann irgendwelche Kurse besuchen. Es wird in den Abendkursen alles mögliche angeboten. Vielleicht könnte ich eine Abendberufsschule besuchen. Noch darf ich nicht mit voller Stundenzahl arbeiten, aber wenn ich in einigen Wochen einen festen Vertrag mit voller Stundenzahl habe, dann brauche ich nicht mehr zusätzlich putzen zu gehen. Ich könnte dann wirklich mit mir zufrieden sein. Eines ist aber sicher, ich muß eine Ausbildung haben. Ich wollte doch schon immer Kosmetikverkäuferin werden. Dafür werde ich alle Hebel in Gang setzen. Mir fehlt ja nichts. Ich habe ein Zeugnis, deutsch spreche ich besser als manche Deutschen, ich sehe gut aus. Wenn ich mich ein bißchen zurecht mache, wird es schon gehen. Es muß irgendeine Möglichkeit geben. Kopf hoch, nicht aufgeben! So bin ich manchmal gutgelaunt, hoffnungsvoll, optimistisch.

Den Alltag hier im Frauenhaus halte ich auch nur deswegen aus, weil ich dies hier als Übergangslösung ansehe. Denn das Elend dieser Frauen erinnert mich ständig an meine eigene Situation. Manche von ihnen ist hoffnungslos gescheitert. Frauen mit mehreren Kindern, ohne einen Beruf, ohne Bekannte, Freunde und Verwandte, fremd im eigenen Land, warten auf eine ungewisse Zukunft. Wohin sollen diese Frauen gehen, was soll aus ihren Kindern werden, welche Zukunft wartet auf diese Kinder, welche Chance haben sie überhaupt, anders zu werden als ihre Eltern, wenn sie ihre Augen in eine Welt öffnen, in der an jeder Ecke die Gewalt des Starken auf die Schwachen lauert? Angefangen von dem eigenen gewalttätigen Vater bis zu der Staatsgewalt. Wer soll diesen Frauen und Kindern die Hilfehand ausstrecken, wenn der Staat nichts tut und so die Menschen, diese Frauen mit ihren Kindern an den Rand der Gesellschaft lenkt, als wären sie Abfallprodukte?

Tag für Tag kommen neue Frauen. Manchmal sogar nachts suchen Frauen hier Schutz vor der Gewalt ihrer Männer. Sie kommen mit Verletzungen, Wunden, gedemütigt, mißhandelt, einheimische und fremde Frauen, unter ihnen junge, schöne Men-

schen, kommen tagein, tagaus. Manche gehen schon ein paar Tage später. Sie werden von ihren Männern überredet. Entweder vergessen sie ihr Leiden und bekommen Heimweh, oder sie werden bedroht von ihren Männern, so daß sie keine Möglichkeit sehen, ihnen auf lange Sicht zu entkommen, vor allem ohne eine wirtschaftliche Basis.
Für ausländische Frauen und Mädchen ist es besonders schlimm hier. Wenn sie in ihrer eigenen Heimat von ihrer Familie ausgestoßen worden wären, wäre es, glaub' ich, etwas anderes. Da kann uns wenigstens keiner aus unserer Heimat jagen, während wir hier gerade in solchen Fällen ständig mit Repressalien durch die Ausländerbehörde rechnen, ständig Angst haben müssen, Hals über Kopf ausgewiesen zu werden.
Die Frauenhäuser haben einen sehr schlechten Ruf unter Türken. Wenn eine Türkin einmal in einem Frauenhaus war, dann ist sie in den Augen türkischer Männer einer Hure gleich. Auch ich müßte, wenn es nach ihnen ging, hundertmal gesteinigt oder lebendig begraben werden. Völlig hirnverbrannt. Wie können all diese türkischen Frauen das Schwert ihrer Männer ein ganzes Leben als Drohung über ihren Köpfen tragen, mit der Angst – weich' ich von dem Weg ab, den mein Mann mir vorgeschrieben hat, so muß ich damit rechnen, daß ich abgeköpft werde. Aber ich bin sicher, viele Frauen aus unserem Land hätten schon längst dieser Folter ein Ende gesetzt, wenn sie einen starken Ast gehabt hätten, an dem sie sich festhalten könnten, einen Beruf zum Beispiel.
Seit eh und je schlug mein Vater bei jeder Kleinigkeit meine Mutter, dreißig Jahre lang ... Sie leistete niemals Widerstand; wenn er schlug, mußte man befürchten, er mache sie zum Krüppel. Während er sie prügelte, flehte sie ihn an, nicht so hart zuzuschlagen. „Ich küsse deine Hände und deine Füße, schlag mich etwas weicher, laß mich dein Sklave sein, aber stoß mich nicht aus!“ Nein, ich will nicht daran denken. Ja, und wenn ich sie schützen wollte, das wollte sie gar nicht. Sie wollte nicht, daß ich ihretwegen auch geschlagen würde. Ich bin sicher, sie hat innerlich meinen Vater oft verflucht, wie viele an-

dere Frauen es auch tun, ganz sicher hätten diese Frauen sich oft von ihren Männern trennen wollen, aber wie sollen sie es anstellen, da sie hier ausländerrechtlich nicht selbständig handeln können. Denn im Falle einer Trennung müssen sie damit rechnen, ausgewiesen zu werden. Sie werden ja nur geduldet, weil ihre Männer hier arbeiten, ihre Aufenthaltserlaubnis und Arbeitserlaubnis ist an die ihrer Männer gekoppelt. Die Ehemänner können mit ihnen machen was sie wollen. Und haben die Männer plötzlich eine deutsche Freundin, so können sie ihre Ehefrauen mitsamt den Kindern ins Flugzeug setzen und in die Heimat abschieben. Und die Frauen können nichts dagegen tun. Mit den deutschen Frauen und ihrer sexuellen Freizügigkeit können sie schon gar nicht konkurrieren.
Als ich in dieser Stadt ankam, nahm mich noch am selben Nachmittag die Sozialarbeiterin zu einem Treffen mit. Seitdem gehöre ich zu der Gruppe. Wir sind etwa dreißig türkische Mädchen und Frauen, die sich jeden Mittwoch zu einem Nähkurs treffen. Das eigentliche Ziel dieses Treffens ist zusammenzukommen, über unsere Probleme zu sprechen, nach Lösungsmöglichkeiten zu suchen. Dabei sehen wir manchmal Filme über Frauenschicksale. Wir diskutieren über alle unsere Probleme. Dieses Treffen ist für manche Frauen und Mädchen eine unentbehrliche Hilfe. Ich habe sehr viel dabei gelernt, aber das Wichtigste war, über mich selber nachdenken zu lernen. Und ich fühle mich in meiner Entscheidung bestärkt, bestätigt. Ja, Frauen ... das sind unsere Mütter, sie haben verpaßt, ihr Leben so zu gestalten, wie sie es wollten, aber wir, die Töchter der ersten Generation, wir müssen beharrlich darauf bestehen, wir selbst zu sein. Das schaffen, was unsere Vorfahren nicht haben machen können. Das bedeutet, viel Schmerz, Verzweiflung, Diskriminierung, Ausbeutung aushalten. Dies ist ein dorniger Weg, auf dem viel Mut und vor allem Willensstärke notwendig ist, durchzuhalten, nicht aufzugeben. Denn wir, die Töchter tragen die Verantwortung der unerfüllten Träume der Frauen unserer Vorgenerationen und die Pflicht für die, die nach uns kommen. Ja, damit die nach

uns Kommenden nie mehr das durchzumachen brauchen, was wir durchgemacht haben.
Ihr Mädchen, Kopf hoch, laßt die Schultern nicht hängen. Vergeßt nicht, ihr seid nicht allein in eurem Kampf, in unserem Kampf. Tausende von Frauen haben diesen Kampf unter Blut und Tränen ins Rollen gebracht. Unsere Pflicht ist, ihn gemeinsam mit Millionen von Frauen in dieser Welt weiterzutreiben, damit die nach uns kommen, nie mehr durch Eisengitter, sondern aus hängenden Gärten die Frühlingsfrühen, die Sommernächte im Land sehen.
In meiner Euphorie vergesse ich meinen Schmerz, die Sehnsucht nach zu Hause, er ist wie eine ständig ins Herz stechende Nadel immer da. Heimweh, Heimweh.

Jutta Berninghausen / Birgit Kerstan

Die Töchter Kartinis

Berichte und Reportagen
aus dem Leben indonesischer Frauen

EXpress Edition

EXpress Edition ISBN 3-88548-312-2

Wie leben Frauen in Indonesien heute? Was denken sie? Wie fühlen sie? Wie stellen sie sich ihre Zukunft vor?
Kartini, eine der ersten indonesischen Frauenkämpferinnen, ist seit Anfang dieses Jahrhunderts eine Symbolfigur für Fortschritt und Gleichberechtigung. Was zu ihren Zeiten noch Fortschritt bedeutete, wird den Problemen des Landes heute allerdings nicht mehr gerecht, denn für die Masse indonesischer Frauen hat der ökonomische, soziale und politische Druck im Alltagsleben gerade in den letzten Jahren zugenommen.

Linde Rotta
Reserviert für Zwei
160 Seiten, DM 24,80
ISBN 3-925797-14-9

Linde Rotta, 1937 im burgenländischen Eisenstadt nahe der ungarischen Grenze geboren, lebt seit 1968 am Rande des Ruhrgebietes in Lünen.
Erst in den 80er Jahren beginnt sie wieder zu schreiben, Gedichte, später auch Prosatexte, die sie in Anthologien und Zeitschriften veröffentlicht. Rundfunkarbeiten schließen sich an.
1984 erhält sie einen 2. Preis beim 16. Hörspiel- und Erzählwettbewerb des Ostdeutschen Kulturrats. 1987 ist sie Kandidatin der Jury zur Verleihung des Ingeborg-Bachmann-Preises.

Mit "Reserviert für zwei" legt die österreichische Autorin Linde Rotta eine Auswahl ihrer Erzählungen erstmals in Buchform vor.
Sie schreibt Geschichten von großer Intensität und Spannung. Mit genauer Beobachtungsgabe und einem tiefen Verständnis für ihre Protagonisten läßt sie den Leser an den Verstrickungen ihrer männlichen und weiblichen Figuren teilhaben, begleitet sie auf ihrer Suche nach Liebe und Geborgenheit.
Zum Beispiel Elia, eine junge Italienerin, die einen Deutschen heiratet und voller Hoffnung ihre Heimat verläßt. Sie bleibt eine Fremde: für den Ehemann, ihre Kinder, die Umwelt.
Oder Luigi, der alte Dorfgendarm, ein Hinterwäldler, der sich noch einmal heftig in die junge Fotografin Annamaria verliebt. Doch er erntet nur Spott.
Mit leiser ironischer Distanz, aber auch voller Anteilnahme, beschreibt Linde Rotta diese menschlichen Schicksale.
Die Erzählungen enthalten für den Leser oft überraschende und unerwartete Wendungen, verblüffende Perspektiven.

EXpress Edition ISBN 3-88548-011-5

Das Schicksal einer türkischen Frau, geboren und aufgewachsen in einem kleinen Dorf, erzogen in dessen Tradition, verhaftet den Normen und Anschauungen ihrer Umgebung; die verheiratet wird mit einem „Deutschlandtürken", dem sie, gemäß ihrer Erziehung und Anschauung, versucht, eine gute Frau zu sein. Da seine Forderungen an sie dermaßen ihren Normen widersprechen — was sie auf seine Entfremdung der eigenen Kultur gegenüber zurückführt —, ermordet sie ihn schließlich. Erst danach, im Gefängnis, beginnt sie sich mit ihrem „Kulturbruch" auseinanderzusetzen, läßt sie sich auf die andere Kultur ein, fängt sie an, ihre eigene Herkunft halb sehnsüchtig, halb kritisch zu reflektieren.

104 Seiten, Leinen

ISBN 3-88548-048-4

---

frauen aktuell

Eine Auswahl

Herausgegeben von S. v. Paczensky

frauen rororo aktuell

A. Baumgartner-Karabak/G. Landesberger
Die verkauften Bräute
Türkische Frauen zwischen Kreuzberg und Anatolien (4268)

Cramon-Daiber/Jaeckel/Köster/Menge/Wolf-Graaf
Schwesternstreit
Von den heimlichen und unheimlichen Auseinandersetzungen zwischen Frauen (5120)

Ingrid Häusler
Kein Kind zum Vorzeigen?
Bericht über eine Behinderung (4524)

Christine Swientek
«Ich habe mein Kind fortgegeben»
Die dunkle Seite der Adoption (5119)

Awa Thiam
Die Stimme der schwarzen Frau
Vom Leid der Afrikanerinnen (4840)

Barbara Yurtdaş
Wo mein Mann zuhause ist . . .
Tagebuch einer Übersiedelung in die Türkei (5137)

5633

12234